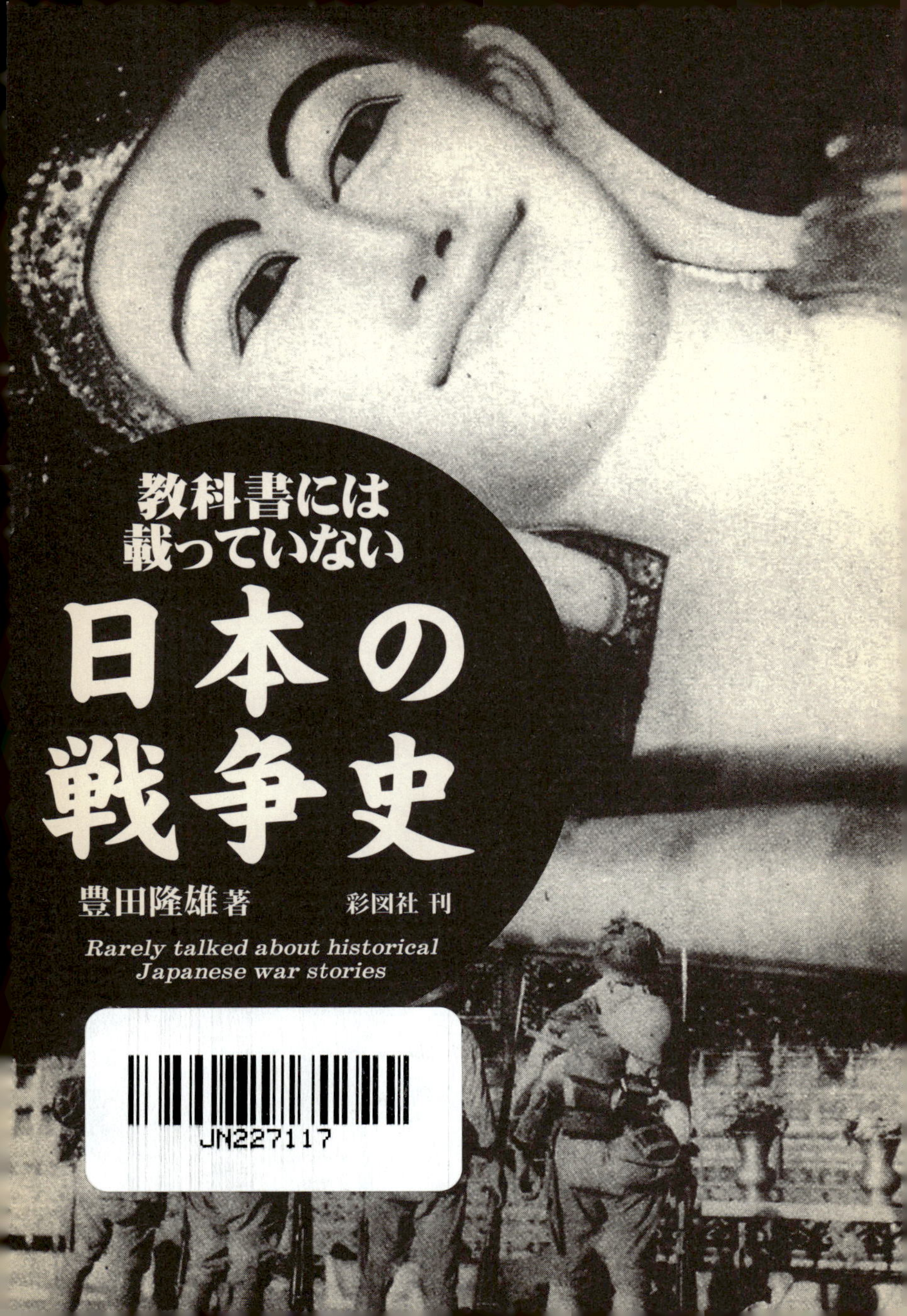

教科書には
載っていない

日本の戦争史

豊田隆雄 著

彩図社 刊

Rarely talked about historical Japanese war stories

はじめに

日本は、まことに平和な国である。

久しく他国と戦うことがなかったこの国で「戦争」が語られる時、それは太平洋戦争の悲惨さについてだったり、日清・日露戦争の勇ましさについてであることが多い。しかし、実はこれらの戦いは、日本がくぐり抜けてきた戦火のほんの一部でしかない。

日本が初めて外国からの襲撃を受けたのは１０１９（寛仁３）年、有名な「モンゴル襲来」からさかのぼること２５０年以上も前である。この時は、とある豪快な不良貴族の活躍で外敵は退けられた。しかし、このことを知る日本人はほとんどいない。

モンゴル襲来にしても「一騎打ちで戦う武士は苦戦したが、2度の嵐に救われて勝つことができた」と教えられているが、それは間違いである。よく知られているはずの太平洋戦争にしても、歴史の年表には「8月15日をもって太平洋戦争が終結した」と書かれているが、その2日後に敵軍と死闘を開始した部隊がいたことをご存知だろうか？

このように、日本人は自国の戦争について歴史の授業で教わらないし、教わってもせいぜい教科書に1、2行の記述があるだけである。しかし、現役の日本史教諭の筆者としては、それではいけないと考えている。

戦争は国と国との関係性の中で発生するものだから、それを直視してこそ我が国の成り立ちがより深く理解できるし、何よりそれぞれの事情から戦場に送り込まれた者たちが織りなす生死を賭けた人間ドラマは、見る者を惹きつける。

そこで本書では「日本の歴史上、初めての海外進出」から、終戦後に行われた「日本最後の戦争」までのおよそ1800年間を対象として〝教科書には載っていない〟日本の戦争史を紹介させてもらった。

本書を読んで頂ければ、今私たちが立っている日本という国が、意外なほどに数多くの戦争史の上に築かれていることが分かるはずだし、それはあなたが「戦争」というものを考えるうえで、きっと助けになるはずだ。

豊田隆雄

教科書には載っていない　日本の戦争史　目次

第1章　外敵の時代とモンゴル襲来の謎

第2章　日本人の対外遠征

第3章 日本はいかにして日本になったのか？

第4章 ペリーの来航と近代国家への道

第5章 日本人が知らない日本の戦争史

野兄弟三人
種保

第1章 外敵の時代とモンゴル襲来の謎

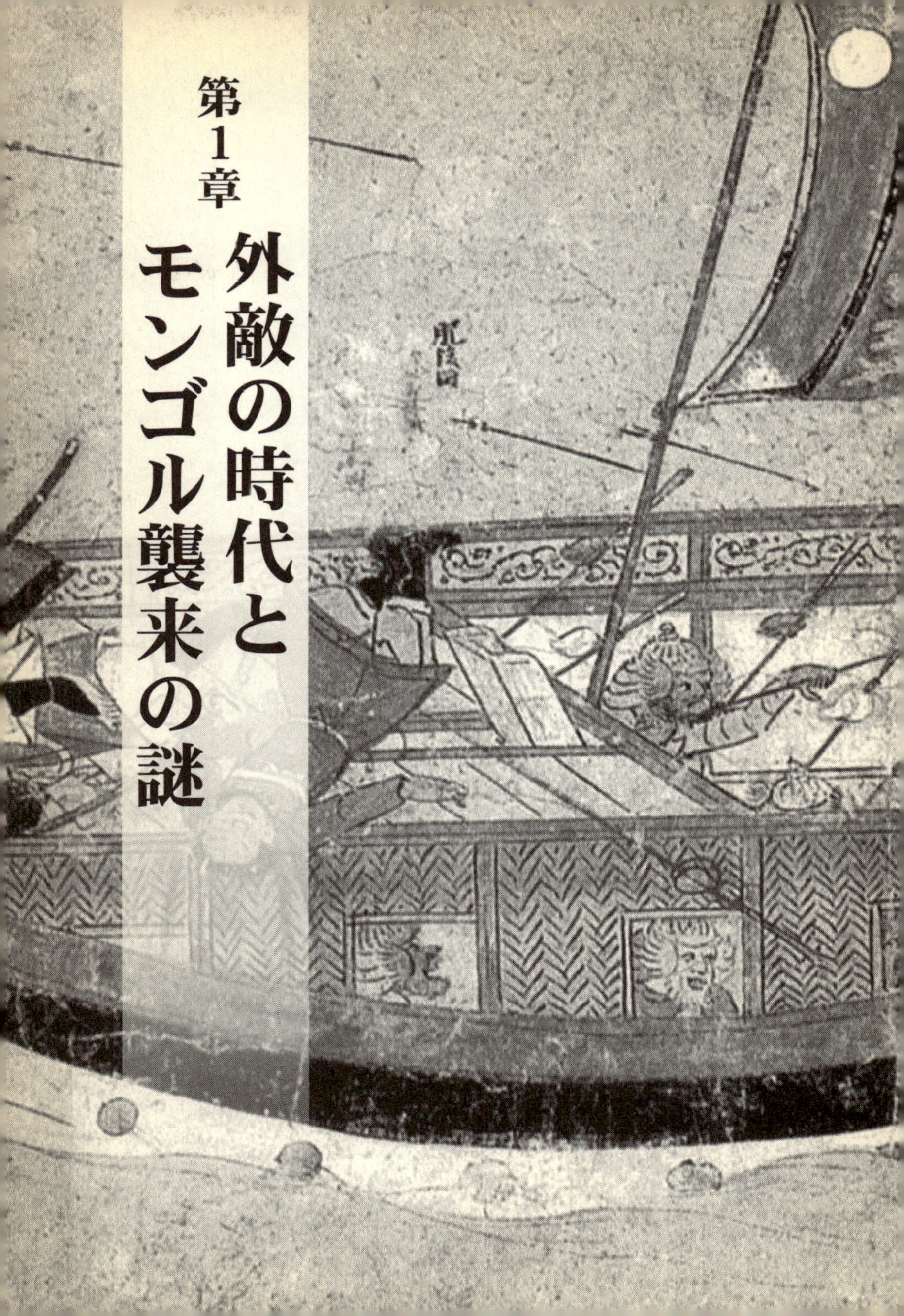

日本初の外敵を退けた藤原家の不良貴族

『枕草子』と戦争の関わり

学校の古典の授業で、清少納言《せいしょうなごん》の『枕草子』を扱うとき、必ず紹介される、このくだりを覚えているだろうか？

——中納言《ちゅうなごん》が「見事な扇の骨を手に入れた」と言って中宮定子《ちゅうぐうていし》に献上する。中納言が「これは今まで見たこともないような素晴らしい骨だ」と語ると、清少納言が「ではきっと**クラゲの骨**なのでしょうね」と返す。

骨がないクラゲの骨、すなわち「今まで見たこともないような骨」という頓知《とんち》に感心した中納言は、「その言葉、頂いた」と喜ぶ——。

有名な「中納言参りたまひて」の部分である。

平安時代の、のどかな朝廷の日常が描かれているが、実はこの扇の骨を持ってきた「中納言」こそ、**日本の歴史上、初めて外国から攻めてきた敵を撃退した人物**なのである。

鎌倉時代の「モンゴル襲来」より、250年も前の出来事だ。

これから紹介するのは、日本が初めて対峙した外国からの脅威と、それに対処したあるひとりの不良貴族の戦いの記録である。

「紫式部絵日記」に描かれた当時の代表的な貴族・藤原道長。実はこれから登場する「不良貴族」と深い繋がりがある

謎の海賊集団の襲来

襲来の様子は当時の大納言、藤原実資《さねすけ》の日記『小右記《しょうゆうき》』や『大鏡《おおかがみ》』で知ることができる。

1019（寛仁3）年3月28日、**正体不明の海賊船50隻**が九州の対馬《つしま》を襲撃。

予期せぬ事態に住民たちはされるがままで、島民36人が殺害、382人が捕えられ、家屋45棟と銀坑が焼かれてしまい多大な被害を受けた。

海賊は対馬のついでに壱岐《いき》にも襲来。

ここでも上陸すると殺戮行為と拉致を繰り返した。知らせを聞いた壱岐島守《いきのしまもり》の藤原理忠《まさただ》は147人の兵を率いて迎撃に向かった。

しかし、予想外に賊の数が多く、善戦したものの、あえなく**全滅**してしまった。

壱岐の島分寺《とうぶんじ》でも賊との戦が起こる。勇敢な僧侶たちは3度にわたって賊を撃退するが、多勢に無勢、寺は陥落し全焼してしまった。

島分寺の講師常覚《じょうかく》は島を脱出し、4月7日に太宰府に到着、状況を報告した。九州の統治機構である太宰府は、この一報で〝正体不明の賊集団〟の来襲を知った。事件は後に「**刀伊《とい》の入《にゅう》寇《こう》**」と呼ばれることになる。

そして、その太宰府の指揮官こそ、『枕草子』に登場する中納言・藤原隆家《たかいえ》であった。

不良貴族、藤原隆家

太宰府の長官・太宰権帥《だざいのごんのそち》である藤原隆家は、京で栄華を極める藤原家の生まれである。

彼は979（天元2）年、摂政、関白を務めた藤原道隆《みちたか》と貴子の次男として生を受けた。

道隆は、他の藤原家の実力者と同じく一族を強引に出世させたため、宮中では嫌われていた。

隆家の兄、伊周《これちか》はわずか21歳という若さで内大臣にまで昇進している。後に朝廷の頂点に君臨することになる叔父・藤原道長よりも8歳も若くして、彼より上の位に就いたことになる。

だが、一家の栄華は長くは続かなかった。

995（正暦6）年に道隆が死去すると、代わって実権を握ったのが道長であった。

伊周よりも上の右大臣に任ぜられ、立場が逆転してしまった。**真っ直ぐで、裏表がない性格**だった隆家は、官位で兄を越えた道長とたびたびトラブルを起こした。道長にとっても隆家は目障りな存在であった。

その隆家は1013（長和2）年、目の病気

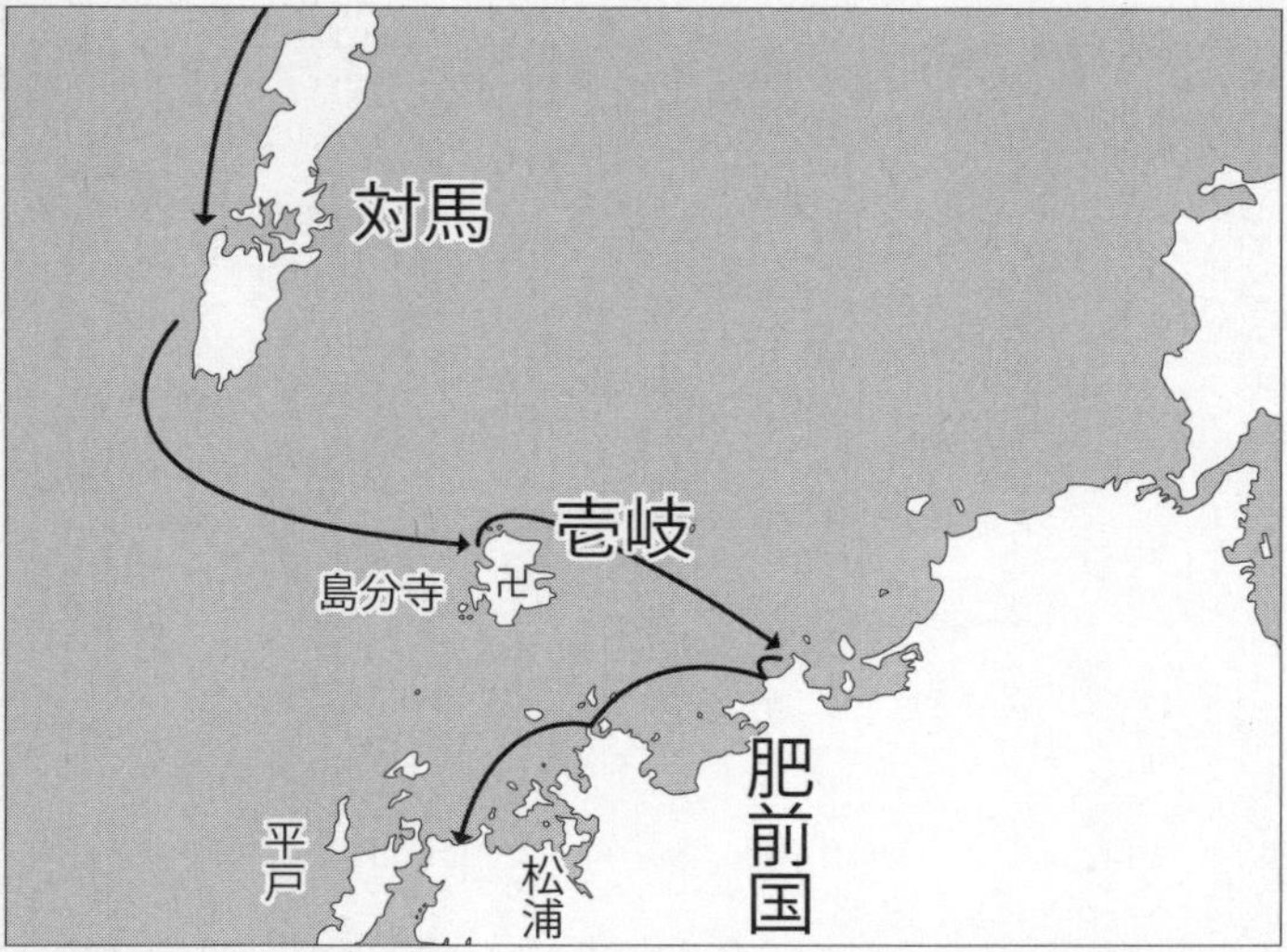

謎の賊集団が襲来した経路。対馬の人々はこれからも外敵に悩まされることになる

を患ったため、皇后宮大夫の職を辞して治療に専念したが、一向に良くならなかった。

親戚から「太宰府に宋の名医がいる」と聞いた隆家は、太宰府への赴任を希望した。何かと隆家の邪魔をする道長も、前任者が辞表を提出していたため、特に反対はしなかったようだ。

太宰府にとっても、隆家の就任は願ってもないことだった。中国の王朝・唐が滅亡して宋が成立してからというもの、大陸の治安は乱れており不逞の輩が襲来する恐れがあったからだ。

剛毅な気質で軍事貴族を従え、さらに九州の**有力豪族を束ねるだけの器量**を持つ隆家は適材と言えた。

時の最高権力者、道長の甥でありながら反抗を続けるやんちゃな気質も、豪族たちに気に入られた要因のひとつだろう。

謎の海賊集団を撃退

さて、「賊襲来」の報を受けた隆家の対応は迅速だった。ただちに兵を派遣し、その兵と地元の住民、文室《ふんや》忠光《ただみつ》が協力して賊集団を撃退した。しかし賊たちは懲りることなく、翌8日にも能古島《のこのしま》周辺に来襲。

隆家は、今度は**自ら兵を率いて出陣**する。彼に従った武将としては、「藤原純友《すみとも》の乱」で活躍した大蔵《おおくらの》春実《はるざね》の孫・種材《たねき》や「平将門《まさかど》の乱」を鎮圧した平貞盛《さだもり》の孫にあたる為賢《ためかた》など。

特に種材は70歳を超える老齢でありながら軍の先頭に立って奮戦した。実績ある武士たちが一致結束して隆家に従っていたことからも、彼が**将たる器の持ち主**だったと分かる。

太宰府の兵の活躍で賊は退けられ、翌日の再上陸も豪族たちがこれを阻んだ。この合戦のさなか、捕えられていた対馬や壱岐の人々の一部を脱出させることに成功したという。

賊集団が放つ矢は、日本軍の盾を突き破るほど強力なものだったが、日本軍も馬上から、大音量を飛ばす鏑矢《かぶらや》を放って応戦。その音に賊は恐れおののいたという。

翌日と翌々日は強風で海が荒れ、賊集団は攻めてこなかった。その間に太宰府は兵船38隻を急造し、戦闘態勢を整える。

12日に賊集団は船越津に現れ上陸したが、すでに隆家の命令で配備されていた兵に撃退され、引き返していった。

日本軍は30隻で追跡したが、隆家は**「追跡を対馬まで」**とし、高麗（朝鮮半島）の領地に入

謎の海賊集団が襲撃した福岡県の能古島

ることを禁止した。外交問題に発展することを避けた見事な幕引きであった。

さて、半月にわたる襲撃で甚大な被害をもたらした賊集団の正体は、**大陸の女真族**《じょしんぞく》であった。

ツングース系の遊牧民である彼らは、12世紀には王朝・金を建国することになる大勢力で、めっぽう戦争に強い。その一部が海賊行為を働いたのだと思われる。ちなみに「刀伊入寇」の「刀伊」とは高麗で使われた蔑称「doe」の音を表記したものだ。

なんと当初、隆家をはじめとした救国のヒーローたちには、恩賞が与えられないことになっていたが、隆家を信頼する大納言の藤原実資が反論し、なんとか支給されることになった。

一説によると、隆家と対立していたはずの叔父、**道長の図らい**があったとも言われている。

モンゴル襲来、そのとき鎌倉幕府は？

建国以来最大の危機

藤原隆家が女真族を撃退してからおよそ250年後、13世紀の終わり頃。日本は**かつてない危機**を迎えていた。

ユーラシア大陸の大半を征服した世界最強の帝国、モンゴル帝国による侵略である。俗に「モンゴル襲来」「元寇」と呼ばれる戦いだ。襲撃は2度にわたり、それぞれ約4万人、16万人という大軍勢が九州に押し寄せた。

間違いなく建国以来最大の外敵だったが、日本史の授業では「一騎打ちが得意な日本の武士は、集団戦法を採るモンゴル兵に手こずったが、運良く嵐が来たため、2度とも退けることができました」程度の扱いだ。しかし、事がそう単純であるはずがない。

ここからはモンゴル襲来時の日本・モンゴル両陣営の事情と成り立ち、そして**壮絶な戦いの模様**を詳しく見ていきたいと思う。

生まれながらの執権 時宗

モンゴルの襲来に対処したのは、時の**執権**《しっけん》・北条時宗であった。日本の最高権力者といえば天皇や征夷大将軍が思い浮かぶが、なぜ執権と

源氏が平氏を滅ぼした「壇ノ浦の合戦」（「安徳天皇縁起絵図」）

いう役職に権力が集中していたのだろうか。

1192（建久3）年、源氏の棟梁、源頼朝は平氏を倒して征夷大将軍に任命され、鎌倉幕府を開いた。貴族政治に不満を抱く御家人《ごけにん》をまとめあげ、**政治の実権を武士のもの**としたのである。しかし53歳で急逝すると、さっそく幕府の屋台骨が揺らぎ始める。

跡継ぎ争いの影響で源氏は3代で絶え、もともと征夷大将軍を補佐する役職であった執権が**幕府の最高職**となり、その座は源氏の右腕だった北条家が代々占めることになった。

3代執権の北条泰時《やすとき》は執権の補佐役、連署を1224（元仁元）年に設置し、これも代々北条家が務めた。彼自身は独裁を望まず、評定衆を有力御家人から11名任命し、執権・連署・評定衆による合議制を確立。この組織が日本の最

高意思決定機関となったのであった。

そして、泰時の孫で時宗の父、5代執権北条時頼《ときより》の時には、有力な御家人が粛清され、時宗の誕生を前に**「執権独裁」**への道が開かれたのだった。

モンゴルからの国書

4年後、時頼の正室が男子を出産。この子こそ**“生まれながらの執権”**にして、日本国の危機に立ち向かうことを宿命付けられた人物、北条時宗である。あらかじめ当主になることが決められていた彼は、わずか14歳で連署に任ぜられ、帝王学を学んだ。

時宗は武士の棟梁に恥じぬ弓術、馬術の腕を持ち、**果断な性格**であったと伝わる。

一人前になるまでは一族の北条政村が執権の座にあったが、モンゴル帝国の圧力に対処するため、急きょ最高権力者となったのである。**18歳という若さ**であった。

1266（文永3）年、モンゴル皇帝フビライに遣わされた使者が、国書を持って日本に向かっていた。使者は高麗人に案内されるが、季節風が強く引き返してしまう。

これに激怒したフビライは、今後は高麗の責任で日本と交渉するように通達する。すでに高麗はモンゴルに服属していたので、かねて関係が深い**日本との交渉窓口**を命じられたのだ。

2年後、高麗王の使者が、日本との外交窓口である九州の太宰府に到着。蒙古国書と高麗王元宗の啓（書簡）を持ってやってきた。

国書の中でフビライは自らを中国の皇帝にな

モンゴル帝国第5代皇帝、フビライ・ハン（左）と、鎌倉幕府第8代執権、北条時宗（右）

ぞらえ、親睦を深めることを勧めている。『史記』から「天子は四海を以て家となす」という文句を引用し、はっきりと**天皇を自分より下の地位**に置き、返書を送ることを要求した。

対し日本側は、蒙古国書にあった「兵を用いるに至らむ。それ誰か好むところぞ」、つまり**「戦争を誰が望みましょう」**という文言が不穏だとして、黙殺することを決めた。

翌年も高麗の使者はやってきた。外国人の襲来を恐れた朝廷は返書を作ったが、それが送られることはなかった。時宗は、使者を返して服属すれば高麗のように弱体化すると考えたのか、今回も返書を与えなかったのである。

すでに幕府は戦争の可能性を考慮しており、「高麗から、蒙古人が凶心を起こして日本を狙っているとの知らせが来た。用心せよ」と讃岐国

（香川県）の御家人に通達を出している。

一方のモンゴルも高麗に戦艦1000艘の建造を命じている。表向きには平和的な交渉を進めながらも、虎視眈々と侵略の準備を進めていたのである。

モンゴルとの開戦前夜

1271（文永8）年には最後の使者が到着。女真人の趙良弼《ちょうりょうひつ》であった。100余人で太宰府に押し掛けた良弼は、国書を朝廷に持参したいと願い出た。1年にわたり粘った良弼だったが、対面は叶わず、やむを得ず国書の写しを置いて帰っていった。

内容はたいへん物騒で「たびたび書状を出したのにもかかわらず返事がまったくない。このうえは11月を期限とし、これを破ったら兵を出す」という**最後通牒**にも等しいものであった。

高麗でモンゴルに抵抗している勢力・三別抄《さんべつしょう》の情報で日本侵攻が近いことを知った時宗は、九州に所領を持つ東国の御家人に対して、九州赴任を命じた。

御家人は複数の所領を持っていることが多く、領主が九州にいないことも多かったのだ。

すると、御家人たちは意外な反応を見せた。動員を避けようと、**九州の所領を他人に譲り始めた**のである。考えてみれば、九州まで赴任して得体の知れない異国人と戦わされるうえ、恩賞がもらえるかどうかも分からない。

国内の合戦と違って、分け与える土地はないのだ。避けたい気持ちも分からないでもない。

時宗は対抗策として、恩賞の土地を他人に与

鎌倉武士の崇敬を受けた鎌倉の鶴岡八幡宮。現在も多くの観光客で賑わう

えることを禁ずる**「和与禁止令」**を発令し、少しでも多くの御家人を動員しようとした。

それでも兵力は足りない。幕府が命令できるのは、御家人とその土地の人間に限られていたからだ。肥前国（佐賀県）では有力土豪279家のうち、鎌倉御家人と確認できるのは72家のみだ。

そこで時宗は本所一円地（公家や寺社の領地）の武士にも動員命令をかけ、**軍功ある者には褒賞を出す**ことを約束した。このことから分かるように、時宗は日本国中を支配していたわけではなかった。兵力を揃えるのに四苦八苦していたのである。それでも、1272（文永9）年からは九州の守護を異国警固番役に任じ、博多湾沿岸を地区ごとに分けて守りを固めた。

決戦の時は迫っていた。

巨大帝国はなぜ日本に襲来したのか？

巨大帝国の登場

襲来の模様を紹介する前に、相手のモンゴル帝国の事情も見ておこう。13世紀に入って、**世界地図を一挙に塗り替えた**のがモンゴル帝国だ。無敵の騎馬軍団と優れた軍制でユーラシア大陸の大半を手に入れた大帝国が、なぜ日本のような島国を欲しがったのだろうか？　まずは初代ハン（首領）、チンギスの活躍を見てみよう。

12世紀初頭、モンゴルの諸部族は広大な平原で羊、山羊、馬などを有する**遊牧民族**として暮らしていた。彼らは大小様々な組織に分かれ、抗争に明け暮れていたのだ。

1155（久寿2）年頃、ボルジギン氏族のキヤト氏の首長、イェスゲイのもとにテムジンという名の男子が誕生する。『元朝秘史』によれば、**「その目に火あり、面に光ある」**赤子であったという。彼がのちのチンギス・ハンであった。

彼が8歳の頃、父は対立するタタル部に殺されてしまう。放浪の身となったテムジンだったが、彼のカリスマ性は次第に有力な家臣や親族を引き寄せていく。

テムジンはまだ幼かった婚約者、ボルテの一族を後ろ盾として、散り散りになった氏族を集めると「クリルタイ」という部族長会議で**首領**《ハン》

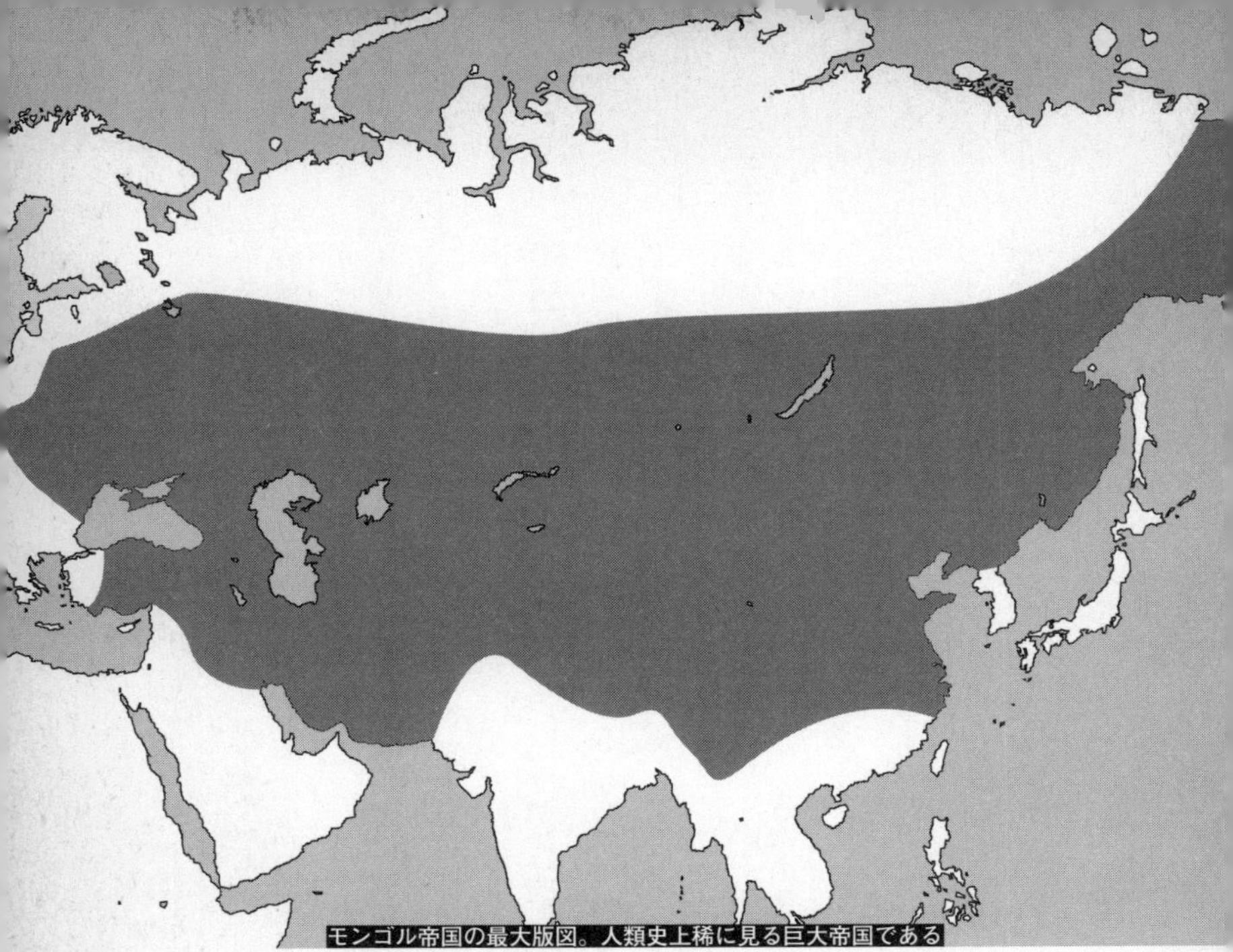

モンゴル帝国の最大版図。人類史上稀に見る巨大帝国である

として承認され、チンギス・ハンの称号を得た。

チンギスはまたたく間に父の仇、タタル部やナイマン部を討ちモンゴリア全体の支配者となり、1206（建永1）年にモンゴル系・トルコ系の部族が集まったクリルタイで**「大ハン」**に選出される。

モンゴル帝国の誕生である。翌年にはシベリア南部の森林部族を一掃し、続いてタングート族の王朝、西夏《せいか》に侵入する。

草原での野戦では無敵のモンゴル軍も、初めての攻城戦に苦戦を強いられるが、何度も攻撃するうちに戦法を身に付ける。西夏を支配下に置いたことが、**世界帝国への第一歩**となった。

次いで近隣のカルルク族、ウイグル族、キタン族を服従させると、チンギスはついに中国北部を支配する王朝、金に挑戦する。

1215（建保3）年には中都（北京）を陥落させたものの、万里の長城に手間取ったこともあって完全征服には至らなかった。

同時に名将、ジェベをして西遼《せいりょう》（トルキスタン）に軍を差し向け征服した。帝国の版図は、ついにホラズム・シャー朝が領する**イランとの国境**にまで広がっていた。

交易を希望したチンギスは、450人のイスラム教徒と500頭のラクダからなる隊商と使者を送ったが、途中で殺されて荷物も没収されるという事件が起きた。怒ったチンギスは1219（建保7）年、20万に及ぶ軍勢を送り込み、イラン高原や南ロシア一帯を征服した。

返す刀で、チンギスは命令に従わなくなった西夏討伐に向かうが、その降伏を待たずして1227（嘉禄3）年に死去した。

死因についてははっきりしておらず、落馬した怪我がもとになったとも、雷に打たれたとも、矢傷が悪化したとも言われている。

なぜ強かったのか？

なぜチンギス率いるモンゴル帝国は、わずか一代でこれほどの版図を手にできたのか？

モンゴル人が普段から馬術や弓術に親しみ、**強靭な肉体**を持っていたことは知られているが、それだけで戦争や政治を制することはできない。

理由のひとつは、モンゴル軍の組織編成にある。彼らは十進法で編成される、実に単純なシステムを使っていた。

まず、最小単位は10人で構成される。

これを**「10人隊」**と呼び、これが10個集まっ

モンゴル騎兵同士の戦い。遊牧民だけあって馬上では無敵の強さを誇っていた

て**「100人隊」**、さらにそれを10個集めて**「1000人隊」**、最大の単位が**「万人隊」**となる。この単純明快な編成でハンの命令を兵一人ひとりにまで伝達させた。

3個の万人隊がひとつの部隊を形成し、戦闘となれば、その3個が左・右・中央で、お互いに協力して戦った。

また彼らは黒い旗と白い旗を使う信号で大規模な騎兵を縦横に動かした。太鼓、ラッパの音もなく、整然と押し寄せるモンゴル騎兵の攻撃は、敵を恐怖に陥れた。

また、彼らは敵を侵略すると領地や財産、女たちだけではなく、技術者をも自分たちのものとして、**テクノロジーを吸収**した。彼らを厚遇し、新兵器が開発されれば、早速投入したのだ。

チンギスの遠征は世界史上類を見ないほど広

範囲だった。2万キロを踏破し5つの大民族を征服した。かつて、これほど広大な領土がひとりの男に征服されたことはなかった。

彼が死去した時の領土は**アレクサンドロス大王の帝国の4倍、ローマ帝国の2倍**もあった。

南宋包囲作戦

モンゴル大帝国を継いだのは三男で人格者のオゴタイ。またたく間に金を掌握すると、1235（文暦2）年には首都カラコルムを建設。

金を征服したモンゴル帝国が次に牙を剥いたのは中国の王朝、南宋であった。

金よりも兵力で劣る南宋が落ちるのは時間の問題と思われたが、モンゴル軍は意外にも苦戦を強いられた。というのも、華南地方の地形は水田が中心で濠やクリークが入り組んでおり、モンゴル自慢の騎馬兵力が思うように運用できなかったのである。

南宋が落ちぬままオゴタイは死去してしまうのだが、これだけの大帝国になれば**跡目を巡って争いが起きる**のは歴史の常である。

紛糾の末にオゴタイの子、グユクが即位したものの、在位2年で死去。ムンケ・ハンが後を継いだ。

ムンケはいくつもの言語を操り、東西の学問に通じた人物である。彼は西方から再び東方へ目を向け、懸案だった**南宋の攻撃**に移った。正面から戦うのではなく、南宋と国交のある周辺国から潰していこうというのである。

弟・フビライの指揮のもと、1253（建長5）年にはタイ族の大理国が征服され、5年後

1258年に起こったアッバース朝との戦争「バグダードの戦い」。徹底的な殺戮が行われた

にはベトナム人の安南国を降伏させ朝貢国とし、南宋との貿易を全面禁止にした。

やがて高麗も降伏し、南宋包囲網は完了したかに見えた。満を持して南宋を攻撃するも、またも攻めあぐね、ムンケが戦陣で病死したため撤退を余儀なくされる。

翌年のクリルタイで選ばれたのが5代目ハン、フビライ。彼は南宋の包囲網に一点のほころびがあることに気付いていた。未だ南宋に**金、銀、硫黄、木材、弓などを輸出していた日本**である。年に40〜50隻ものジャンク船が、日宋間を往来していた。

なんとしても、日本と南宋の結びつきを断たねばならない。

モンゴル帝国の**世界征服作戦の一環**として、日本は攻撃対象になったのである。

博多の一番長い日――文永の役

モンゴル軍、ついに襲来

1274（文永11）年、10月3日。準備が整ったモンゴル軍は、高麗の合浦《がっぽ》を出発して日本遠征を開始した。「文永の役」である。

その兵力は史料によってまちまちであるが、総合するとモンゴル軍2万人に高麗兵6000人を加えた**総勢2万6000人あまり**の兵が、大型船300隻、小型高速船300隻、輸送船300隻に乗って日本に向かったようだ。

遠征軍を率いるのはモンゴル人ヒンドゥーで、これを歴戦の将・劉復亨《りゅうふくてい》と洪茶丘《こうちゃきゅう》が補佐した。高麗兵は三別抄討伐に功があった金方慶《きんほうけい》が統率した。

5日にはモンゴル軍1000人が対馬の佐須浦に上陸。対馬の守護代兼地頭の宗資国《そうすけくに》は80騎ほどを率いて翌朝に駆けつけ、戦闘になった。

彼らは奮戦したが多勢に無勢、資国以下**すべてが討ち死に**してしまった。モンゴル軍は建物を焼き払うと、対馬を後にした。

14日、モンゴル軍は壱岐の坂木浦と湯ノ本に、それぞれ200名ずつを上陸させた。守護代の平常高《たいらのつねたか》と御家人100騎で迎え撃ち、樋詰坂《ひづめざか》に立てこもったものの善戦もむなしく翌日には攻め落とされ、**一同自害**して果ててしまった。

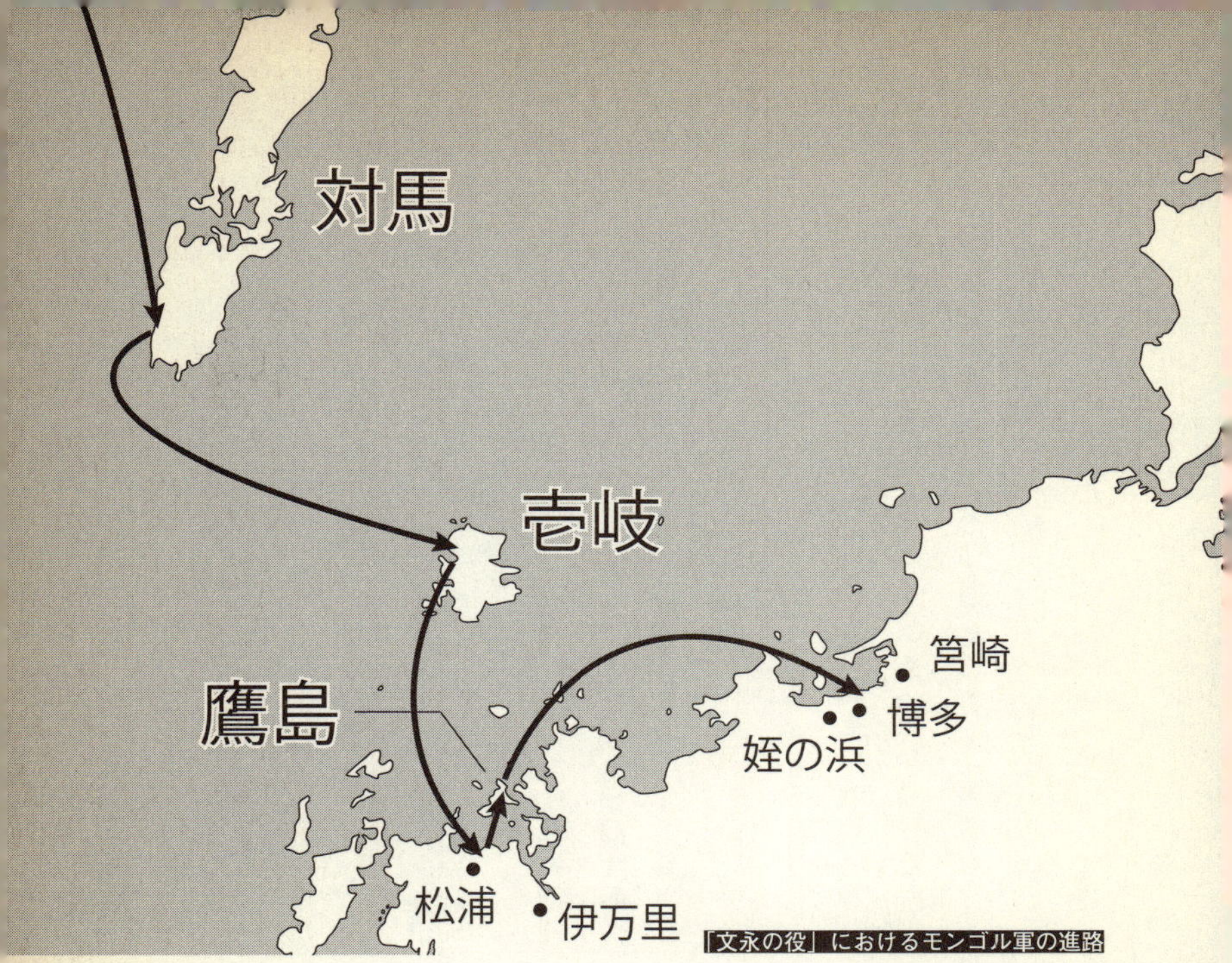

「文永の役」におけるモンゴル軍の進路

この頃になると幕府に**「蒙古襲来」**の報は伝わっており、時宗は安芸（広島県）守護の武田信時に守りを固めるように命じている。これは、瀬戸内海方面から京都を突かれ、朝廷を掌握されることを警戒した動きであった。

対馬や壱岐では阿鼻叫喚の地獄絵図が展開されていた。モンゴル軍は男は殺すか生け捕りにし、女は手に開けた穴に紐を通して、数珠つなぎにした。

壱岐を制圧したモンゴル軍は水軍衆の松浦党の縄張りを経由したようだ。

『日蓮聖人遺文』によると「松浦党は数百人打たれ或いは生取にせられしかば、寄たりける浦々の百姓ども、壱岐、対馬の如し」と記され、その惨状を知ることができる。実際に松浦党の首領は**女房と3人の息子**を失っている。

モンゴル軍、総攻撃開始！

5日後には、ついに900隻の大船団が博多湾に出現した。モンゴル軍はこの日は上陸せず、翌日になってから総攻撃を開始した。

日本軍は本陣を筥崎八幡宮に置いた。総大将は鎮西西方奉行の少弐《しょうに》景資《かげすけ》。彼は**北九州最大の実力者**であり、その一族に加え大友氏、菊池氏、白石氏などの御家人に招集がかけられていた。

彼らは博多湾西部から侵入したモンゴル軍とぶつかり、福岡平野で**壮絶な野戦**を繰り広げた。

御家人たちを待ち受けていたのは、自分たちとは何もかも違う異国人との戦闘だった。ちょうど鎌倉時代は「弓馬の道」、つまり主君への忠義、親への孝心を中心とした、武士として守るべき義務が確立された時期だった。

それに則れば、戦う前にまずは**「我こそは、誰々の流れをくむ子孫で、誰々の家臣である」**と名乗ってから戦うのが礼儀であった。

菊池氏の一族である資時《すけとき》が、戦いの開始を告げる印であった鏑矢を空中に放つが、相手は笑うばかり。

モンゴル軍の指揮官は高台に陣取り、銅鑼で進軍、後退の合図を的確に送る。少人数の先駆けや単騎駆けが盛んであった日本の武士は、次々に集団に押し包まれて捕えられ、殺された。

御家人の強みである騎馬も封じられた。モンゴル軍の使う大音量の銅鑼や太鼓に馬が驚いてしまったのである。さらに鉄丸に火薬・硫黄を詰めて炸裂させる**「てつはう」**と呼ばれる兵器や、先端に毒を塗った矢が頭上を襲う。

「蒙古襲来絵詞」におけるモンゴル兵たち。「てつはう」を炸裂させながら日本軍に迫る

日本軍の反撃

モンゴル軍が前進して赤坂の松原に陣を張った頃には、日本軍はすっかり気圧されてしまった。『鎌倉遺文』によれば、「当時、戦場に臨みながら戦闘に参加せず、あるいは自分の持ち場を守らねばならないと称して駆けつけない不届き者がたくさんいた」という。

しかし、ここで**200騎あまりを率いて敵陣に突入した猛将**がいた。肥後の御家人、菊池《きくち》武《たけ》房《ふさ》であった。

モンゴル軍の只中に分け入った武房の姿はたちまち見えなくなり、すわ討ち取られたかと思われたが、死体の山から起き上がると**多数の首級を持って帰陣**した。

彼の活躍もあって日本軍に押し返されたモンゴル軍は、麁原《そはら》や塚原に退却し始めた。首をぶら下げた武房と入れ替わりで、単騎で敵陣に駆け入ったのがこの戦争きっての有名人、竹崎《たけざき》季《すえ》長《なが》であった。歴史の授業がどんなに退屈だった方でも、**「蒙古襲来絵詞」**に描かれる彼の騎馬姿は見たことがあるだろう。

季長はわずか5騎を連れて異国人の大群に向かっていく。この光景だけを見ると愛国者のようだが、実は彼が合戦に参加したのは**父の遺産相続争い**に破れ、生活の糧を失ってしまったからであった。

しかし所詮は数人。たちまち馬が毒矢の餌食となって落馬してしまう。これまでかと思われたところで肥前（佐賀県）の御家人である白石通泰が駆けつけ、かろうじて命を繋いだ。

景資の一矢と終戦

戦いは総力戦の様相を呈し、日本軍の総大将、景資も手勢を率いて出陣した。彼は博多のあたりで敵の大将軍とおぼしき漢人の大男を発見する。

腕に覚えがあった景資は、馬に鞭打つと敵軍の前面に出て、大男に矢を放った。これが**見事に命中**し、武将は馬から転げ落ちる。

なんとこれが、モンゴル軍の副将、劉復亭であったという。この逸話が事実だとすれば、両軍は相当な乱戦を戦っていたことになる。

こうした御家人たちの活躍もあったものの、日本軍の消耗は激しく水城まで撤退することを余儀なくされる。

「蒙古襲来絵詞」を描かせた竹崎季長。恩賞に授かるために自らの活躍を記録したとも

一方のモンゴル軍では、首脳陣の中で意見が対立していた。高麗軍を率いる金方慶は「すでに敵国内に入っているのだから、さらに深く分け入り味方の退路を断ち、必死の戦いを続けるべき」と主張したが、総大将ヒンドゥーは**撤退の意志**を固めた。副将、劉復亨が負傷し、物資も消耗していたからだ。

ところが、撤退の途上、猛烈な暴風雨が博多湾を襲った。

多くの船が難破し、およそ3割にあたる1万3500人が溺死したと言われるが、指揮官たちの船はかろうじて合浦にたどり着いた。

このように、暴風雨で日本に勝利がもたらされたのではなく、モンゴル軍が日本から撤退する過程で暴風雨に遭遇したのである。ともあれ、第一ラウンドは**日本軍の勝利**で幕を閉じた。

海を埋めたモンゴルの大船団　弘安の役

ついに南宋を征服

「文永の役」と並行して、モンゴル帝国は長年の懸案だった南宋への攻勢を強めていた。

高く頑丈な城壁と深い堀を備え、名将・呂文《りょぶん》煥《かん》を擁する都市・襄陽《じょうよう》に手こずったものの、イランの大砲職人の力を借りこれを撃破。南宋は無条件降伏し、152年続いた**南宋は滅亡**した。

一方、日本は、「文永の役」では上陸を許して苦戦を強いられたため、水際で叩く目的で沿岸に防塁を築くことになった。

九州9ヶ国にそれぞれ地域を割り当てて建造され、1277（建治3）年には、博多沿岸地域一帯に**広大な石塁**が張り巡らされたのだった。

その2年前から、フビライは日本に服属を促す使者を2回にわたって派遣したが、徹底抗戦を決意した幕府によって処刑されてしまう。

これによって日本とモンゴル帝国との再戦は、いよいよ避けられないものとなったのである。

もともと南宋と日本を切り離そうと服属を迫ったモンゴルが、南宋の滅亡後も日本攻略にこだわった理由は、**「南宋の投降兵を減らしたかった」**からだ。

降伏したとはいえ、南宋兵は脅威であった。維持するにはコストがかかるうえ、いつ歯向か

石塁の上に陣取る御家人たち（「蒙古襲来絵詞」より）

ってくるか分からない。

それを解決してくれるのが、南宋兵主体の日本遠征だ。もし大敗しても大した痛手にはならず、勝った場合は**日本に留まって支配**してもらう。その証拠に、軍船には多く鋤《すき》、鍬《くわ》などの農具と種、籾《もみ》が積まれていた。

再び襲来！　弘安の役

1281（弘安4）年5月3日、フビライの命を受け、モンゴル軍は東路軍と江南軍に分かれて出発した。

東路軍はモンゴル・高麗の連合軍であり総勢4万人、900隻の船団であった。指揮官は**「文永の役」の雪辱**に燃える元帥ヒンドゥー。これを同じく金方慶と洪茶丘が補佐する陣容だった。

江南軍は南宋の旧臣、范文虎《はんぶんこ》が率いる3500隻の大船団であり、兵は10万人。両軍合わせると14万人、4400隻という世界史上でも稀に見る**大軍勢**であった。総大将としてモンゴル人アラハンが江南軍に置かれた。

東路軍は大軍である江南軍と6月15日に壱岐で合流し、全軍揃って博多を攻める手はずとなっていた。先発した東路軍は前回と同じく対馬、壱岐を経由して、6月6日には博多湾に姿を現した。これを「弘安の役」と呼ぶ。

九州本島に近づいた東路軍の兵たちは驚愕した。**高さ2メートルもの防塁**が、海岸線に沿って延々と続いており、九州の御家人たちが鉄壁の守りを固めていたのである。

防塁の内側には土が盛ってあり、日本軍が騎馬で移動できるようになっていた。

モンゴル軍は二手に分かれて進攻した。一方は九州ではなく、中国地方の長門（山口県）が手薄と見て、300艘で襲撃をかけた。

しかし日本側も「文永の役」での反省を活かし長門の防備をかねてから固めており、時宗の甥である兼時《かねとき》が長門探題として赴任していた。

兼時のもと、周防（山口県）、安芸・備後（広島県）、長門といった中国地方の御家人たちが力を合わせて**東路軍を撃退**する。

九州御家人たちの奮闘

たまらず志賀島近海に停泊した東路軍を、日本軍得意の**夜討ち・奇襲**が襲った。

御家人たちの奮戦で、高麗軍を率いる金方慶らの陣形は崩壊、洪茶丘は敗走に追い込まれた。

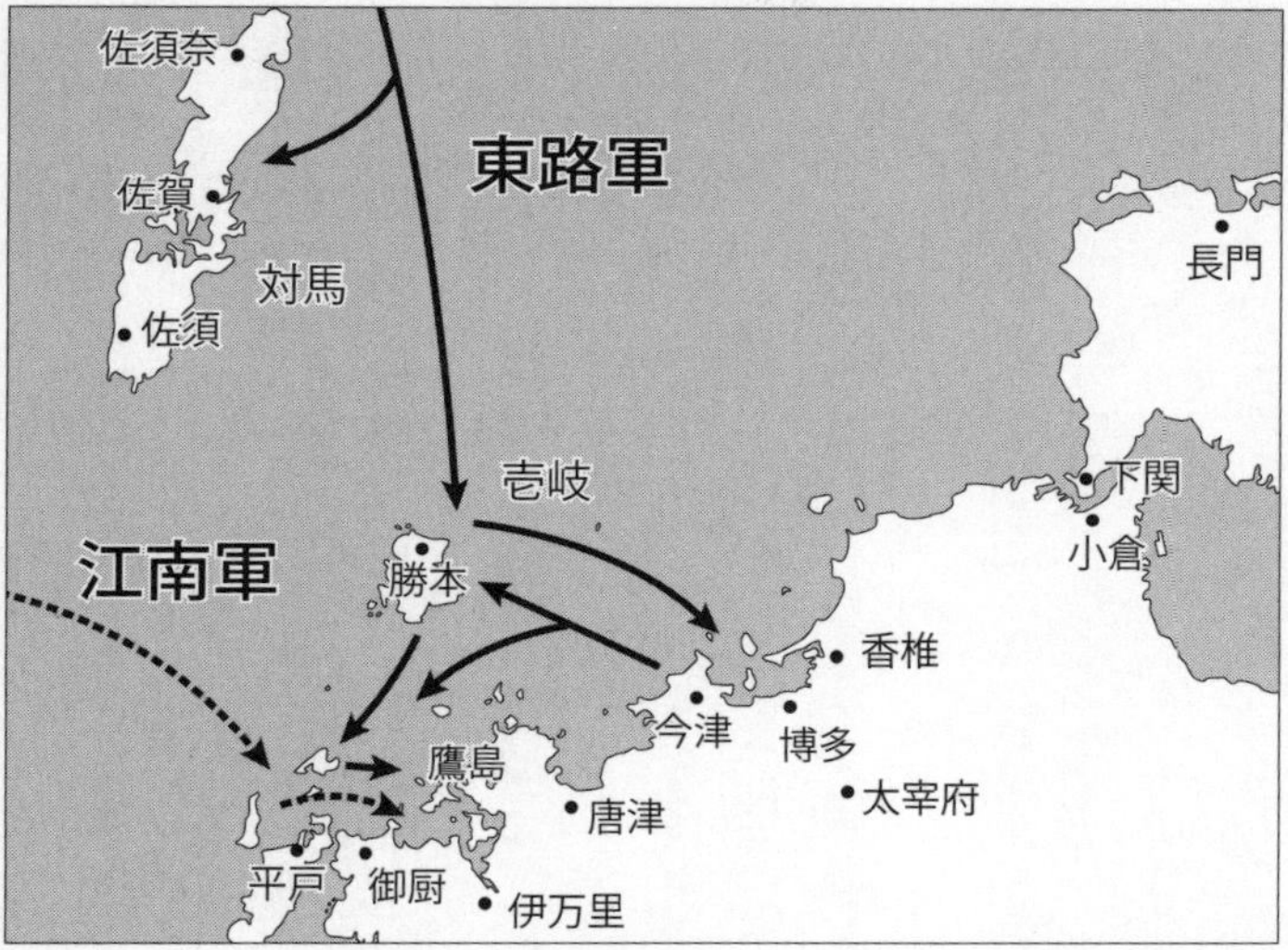

「弘安の役」における東路軍・江南軍の進路。スムーズに合流していれば脅威であった

予想外の出血を強いられたこともあり、東路軍は壱岐島沖の海上に待機し江南軍との合流に備えることにした。

実はこの時、モンゴル軍にとっては**予想外の事態**が起こっていた。全軍を指揮するはずのアラハンが病気にかかり、江南軍の出港が大幅に遅れてしまったのである。

范文虎率いる江南軍が慶元（寧波）を出港したのは6月18日。作戦計画では、すでに東路軍と合流していなければいけなかった。

東路軍は待機を余儀なくされたが季節は夏、その船内は**地獄そのもの**だった。蒸し風呂のような環境で食糧は腐敗し、急造の軍船は腐っていく。病も蔓延し死者は3000人にのぼった。

ヒンドゥーと洪茶丘は撤退を主張するが、金方慶はあくまで戦い続けることを主張。そこへ、江南軍の先遣隊がようやく到着。すわ合流かと思いきや、「上陸地点を博多から平戸（長崎県）に移す」という命令であった。江南軍は日本人の水夫から「平戸は太宰府にほど近く、手薄である」との情報を得ており、急きょ作戦を変更したのであった。

九州本島の日本軍に手を焼いた東路軍は、再び壱岐島を襲った。薩摩国（鹿児島県）の河田《かわだ》盛資《もりすけ》、島津《しまづ》長久《ながひさ》などがこれに対抗して上陸し、激しい戦いが展開された。常にモンゴル軍の**矢面に立って戦った菊池一族**の資時はこの時討ち死にしている。

慌てて進路を変えた東路軍が平戸島付近で江南軍と合流できたのは7月上旬のこと。

鷹島に移動していよいよ上陸作戦に移り始めた。日本軍は防塁から打って出て、夜毎猛烈な夜襲を繰り返した。特に一帯を縄張りとする水軍衆、松浦党の攻撃はすさまじかった。

「文永の役」で当主の一族が犠牲になった**復讐心**から、先頭に立ってモンゴル軍の艦船に切り込んだのである。

暴風雨、再び襲来

モンゴル軍が鷹島に集結していよいよ総攻撃に入ろうという7月末、またもや九州地方に**大暴風雨が襲来。**哀れ14万人の大船団のほとんどが海の藻屑となってしまう。溺死をまぬがれ必死に陸に這い上がった兵たちにとっては、ここからが**本当の地獄**だった。

防具も嵐に流され裸同然の者も多かったが、恩賞に授かろうと血眼の御家人たちに容赦なく

モンゴル軍の軍船に乗り移り、戦いを挑む御家人たち（「蒙古襲来絵詞」より）

斬りつけられ、捕虜にされた。史料によっては2～3万人が降伏したと言われている。

確かにモンゴルの艦隊は嵐で沈んだが、なぜ彼らが日本海上にいたのかといえば、九州御家人たちの働きで、江南軍の到着までに**東路軍が橋頭堡を築けなかった**からである。「文永の役」で苦戦した教訓をよく活かし、先手を打って防塁や防衛体制を整備したことによって、敵軍を退けることができたのである。

大敗北で水軍戦力を消失したモンゴル帝国は、日本海付近の制海権を失い、日本の海賊船団の台頭を許した。帝国は本格的な後継者争いが始まり、**緩やかに衰退**していくこととなる。

そして、的確な戦略でモンゴルの襲来に対処した北条時宗は1284（弘安7）年、自らの役割を終えたかのように**34歳で没した**のだった。

ただひとつの日本対韓国の単独戦争

倭寇の誕生

今まで見てきたように、外敵の襲来で最初に犠牲になるのは決まって**対馬の住民**たちである。対馬から博多までは１４７キロあるが、朝鮮半島まではわずかに49・5キロ。

しかし奪われる側から、奪う側に回る時がやってきた。モンゴル襲来の後、対馬近辺の海民集団は大陸に渡り、朝鮮半島や中国沿岸に出没して略奪行為をするようになる。これが教科書にも登場する、悪名高い**「倭寇《わこう》」**の起源である。

彼らが大陸沿岸を荒らすようになった理由としては「モンゴル襲来への復讐」「日本への再進攻を防ぐための先制攻撃」「物資の不足から来る略奪」、果ては「元寇で連れ去られた家族を取り戻すため」など様々な説がある。

その勢力は**極めて大きく**、１３０７（徳治2）年とその翌々年には、あのモンゴル帝国の沿岸都市、慶元を襲い民家を焼くなどしている。

倭寇の侵略行為に手を焼いた朝鮮が、その根拠地を叩く目的で対馬を攻撃してきたのが**「応《おう》永《えい》の外寇」**である。朝鮮が他民族と連合せず、単独で日本と交戦したのは、この戦いだけだ。

初めて高麗の史料に倭寇が登場するのは『高麗史』。１２２３（貞応2）年、「倭（日本人）

朝鮮半島で猛威を奮った倭寇（右）が討伐軍と戦っている（『倭寇図巻』）

金州に寇す」と記されている。その2年後にも、日本の船2隻が沿岸の州県を襲ったことが記録されている。

日本の史料に倭寇の記述が登場するのは『明月記』。「松浦党という**鎮西の凶党**などが数十艘の兵船で、かの国の別島に行って合戦し、民家を焼き資材を掠めとった」と記載されている。

松浦党は前述したように、蒙古襲来において**最前線で戦った水軍**である。

当初の倭寇は小規模だったが、1350（貞和6）年以降は大規模化し400～500隻の船団を動員して朝鮮半島沿岸を襲撃するようになった。対馬、壱岐、松浦を拠点とする彼らは、初めのうちは米倉庫や米を運搬する漕運船、その護衛船を襲っていたが、やがて**凶暴化**し、大規模な略奪や人身売買に手を染めていく。

高麗の対抗策

倭寇を取り締まるのは高麗政府の役割だったが、これがまったくお手上げの状態だった。**モンゴル帝国の支配**を受けている高麗は、徴兵や動員、武器製造が自由にならず、地方に常時守備隊を置くことができなかったのだ。

モンゴル帝国が1368（貞治7）年に滅んで明王朝が興ると、明は高麗に対して「倭寇の取り締まり強化」を要請するようになった。というのも、倭寇は朝鮮半島を経由して中国にまで足を伸ばし、沿岸を荒らし回っていたのだ。

高麗にとっては、モンゴル帝国の頃は許されていなかった**軍備拡張**が可能となる。にわかに日本海が風雲急を告げる事態になったのである。

高麗は**水軍**や**火薬局**を新設し、水上戦闘と火砲の訓練を行った。高麗王朝が滅び、李氏朝鮮の時代になると軍備はさらに拡張し、兵船は613隻、水兵も5万5000人に達した。

1418（応永25）年、対馬の島主で倭寇の取り締まりに実績をあげていた宗貞茂《そうさだしげ》が死去。この頃になると、倭寇は朝鮮沿岸を素通りして**直接明に向かう**ようになっていた。

貞茂の跡目は子の貞盛が継いだが、如何せん幼少だったため、島内の統制が充分にとれず対馬船越の倭寇頭目、早田左衛門太郎が島の実権を握ってしまった。

翌年、倭寇が朝鮮沿岸を襲撃した後、明に向かうのを確認すると、朝鮮政府はついに「対馬討伐」の決意を固める。

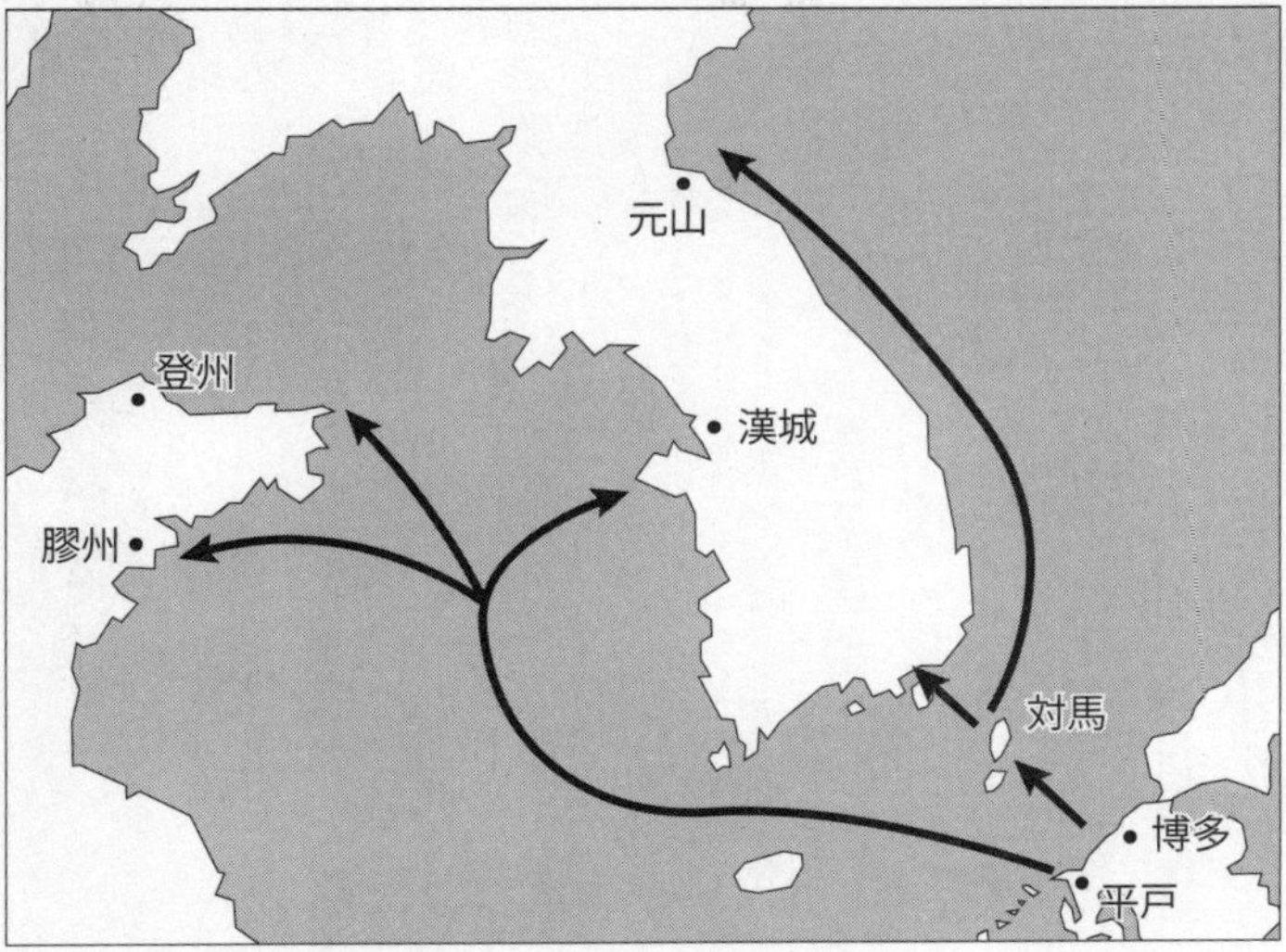

倭寇の活動範囲。日本海を舞台に散々な暴れようだったことが分かる

本隊の留守を突いて**根拠地を撃滅**しようというのである。

情報漏れを防ぐために、朝鮮の貿易港である三浦（乃而浦《ないじほ》・富山浦《ふざんほ》・塩浦《えんぽ》）にいた日本人はすべて拘束され、遠方へ隔離された。

拘束された人々は対馬人だけではなく、博多や松浦、果ては兵庫の人もいたが、対馬人以外は酒食を与えられるなど好待遇で、戦後には日本に送還されている。抵抗した対馬人１３６人は殺害されてしまった。

6月17日に朝鮮軍は巨済島《きょさいとう》を出帆するも強風のため引き返し、19日に再出発して対馬に向かった。兵船は京畿道《けいきどう》10隻、忠清道《ちゅうせいどう》32隻、全羅道《ぜんらどう》59隻、慶尚道《けいしょうどう》１２６隻の総計２２７隻、兵は１万７２８５人という大軍だった。

朝鮮半島史上、唯一の〝**単独海外遠征**〟だ。

倭寇撃滅ならず

朝鮮軍は6月20日対馬の浅茅湾《あそうわん》に到着。浅茅湾はいわば倭寇の巣窟で、対馬のみならず壱岐、松浦の倭寇も浅茅湾を利用していた。島民は朝鮮軍の襲来を**倭寇船の帰還だと勘違い**して、酒食を用意して待っていた。気付いてあわてて応戦したが相手は大軍、あっという間に敗走する。

朝鮮軍は船を奪って家を焼き、114人を殺害、21人を捕虜とした。さらに船越に柵を作って島内の往来を遮断し、味方の兵船の到着を待って総攻撃を仕掛けることとした。

26日、朝鮮軍は浅茅湾内に深く進み、仁位郡に入って総攻撃を開始した。**2万人近い朝鮮兵**に比べ、**対馬の守備隊はたったの600人**程度。まるで勝負にならないと思われた。

が、ここで朝鮮軍にとって大きな誤算があった。**対馬の地理**である。この島は実に97%が山岳地帯であり、道があっても獣道である。大軍で押し寄せてきたところで渋滞するだけで何の役にも立たない。

朝鮮軍は左・右・中軍に分かれて進攻したが、左軍節制使・朴実らの軍は対馬の伏兵に遭って有力な武将を戦死させてしまう。**混乱した将兵**は山道を逃げ惑い、追い詰められて崖から落ちた者もいた。

右軍節制使・李順蒙の軍も、対馬兵を退けるのがやっとで苦戦を強いられた。中軍に至っては上陸することすら叶わなかった。

その後は両軍睨み合いのこう着状態が続く。『対州編年略』によると日本側の死者123人に

朝鮮軍が上陸した浅茅湾。対馬の上島と下島の間、西側にあってリアス式海岸に囲まれる

対し、朝鮮側の死者は2500人余りに及んだ。

朝鮮側は29日になると、宗貞盛に対して対馬の**属州化を要求**する。戦況が有利であるのに貞盛が応じる道理はなく、これを拒絶。

彼は書簡で「7月は風変があるので兵を引き上げた方が良い」と朝鮮軍に忠告した。損害が大きくなったこともあり、7月3日に朝鮮軍は巨済島へと引き返していった。朝鮮史上初の対外遠征は**見るも無残な失敗**に終わってしまったのであった。史料によっては「応永の外寇」以降、倭寇は衰退して減少したと紹介されているが、実際は1420年代の方（18回）が10年代（10回）と比べて**襲来回数は増加**している。

減少に転ずるのは、日本側の対馬や九州諸大名の取り締まりが厳しくなる、30年代を待たなければならなかった。

戦国時代の日本で西欧諸国は何をした？

スペイン・ポルトガル

まだまだ倭寇の海賊活動が盛んだった15世紀末。日本は**血で血を洗う戦国時代**に突入していた。

戦国時代の日本と深い関わりを持ったのが、スペインとポルトガルである。彼らは一般に、日本にキリスト教を広め、カステラや金平糖など西洋の文物をもたらしてくれた人たちだとイメージされている。

ところが、両国が**地球上を二分する危険な侵略国**だったと知る人はほとんどいない。実は彼らは、ローマ教皇庁から**「到達したすべてを領土として良い」**と許可されていたのだ。

ここでは、彼らが世界で何をし、日本で何をしたかったのかを明らかにしたい。

両国の侵略

東南アジア原産の胡椒は肉の保存料として当時のヨーロッパでは**必需品**であった。しかし、8世紀以降、地中海はムスリムが支配していた。

また、13世紀末にオスマン帝国が成立すると、バルカン半島が支配下に置かれ、ヨーロッパ諸国はこれらの地域を通過できずに、ムスリム商

「南蛮屏風」に描かれた、荷降ろしする貿易船の人々。黒人奴隷の姿も見える

人を介して**高価な香辛料**（胡椒・シナモン・クローブ）を購入するしかなかった。

「オスマン帝国の影響を避け、直接香辛料を手に入れられないだろうか」と考えたのがスペイン・ポルトガル両国である。

先に動いたのはポルトガルだった。ヴェルデ岬、喜望峰（アフリカ南端）を廻ってモザンビーク、モンバサを経由してインドのカリカットに至る**「インド航路」**を開拓したのだ。

さらに、インド西岸のゴアを占領し総督府を置いた。そして1543年、ついに日本の**種子島**に到達したのである。

ポルトガルに後れをとったスペインは大西洋を横断してアジアを目指し、ご存知の通りアメリカ大陸を発見することになる。

アステカ帝国やインカ帝国はすっかりスペイ

ンに征服され、未だにラテンアメリカの言語は**スペイン語**が主流である。スペインはさらにフィリピンを占領しマニラ市を建設。念願のアジア進出を果たした。

宣教師と戦国大名

日本の地を踏んだキリスト教の宣教師たちは、戦国時代の縮図を的確につかんでいく。

そして、「土地を支配する領主をキリスト教徒にして、その**領地ごとキリスト教団にしてしまう**」のが手っ取り早いと考えるようになった。

のちに『日本史』を記すルイス・フロイスもそう考えたひとり。当代最高の実力者・織田信長と1569（永禄12）年、京都の二条城で対面している。

信長自身は西洋の文物に関心を示したが、キリスト教徒になる気も、教えを学ぶ気もなかった。そのあたりは**神も仏も信じない信長**らしい。

だが、キリスト教は保護し布教を許可した。

安土にセミナリヨ、京都に南蛮寺の建設を援助したのだ。この動きには裏があり、キリスト教を普及させることで、当時敵対していた宗教勢力の一向宗や、比叡山延暦寺の**勢力を削ぐ狙い**があったと言われる。

ポルトガルは、イエズス会の活動を援助するかわりに貿易の利益の一部を会に寄付することを定めていた。

つまり、**貿易と布教をセットで売り込んだ**わけだ。布教を認めない大名の領内には南蛮船を寄航させなかった。

海に面しており、なおかつ大名同士が激戦を

宣教師フランシスコ・ザビエル。大友宗麟や島津貴久など多くの大大名に信頼され、布教の許しを得ていた。（「フランシスコ・ザビエル肖像」）

繰り広げていた九州と畿内は、キリシタン大名を多く生んだ。

カブラルによる宗教侵略

とはいえ、宣教師たちは日本を見下していたわけではなく、文明国として敬意を払っていた。フランシスコ・ザビエルは「日本は無知な後進国でないこと」「日本人が自国の文化に高い誇りを持っていたこと」を認識していた。

グネッキ・ソルディ・オルガンティノは「日本人は、**全世界でも、とても賢明な国民**に属しており、彼らは喜んで理性に従うので、我ら一同よりはるかに優れている」、「私は、本当のところ、毎日、**日本人から教えられる**ことを白状する。私には全世界でこれほどの天賦の才能をもつ国民はないと思われる」と報告書に記している。

しかし、フランシスコ・カブラルだけは日本を見下し**「日本人はアフリカの黒人と同等の劣った民族である」**と主張した。彼はキリシタン大名に「領民をキリスト教に改宗させ、神社・仏閣をすべて破壊し教会を建設せよ」と迫った。

有馬晴信、大友宗麟、大村純忠ら九州の大名はポルトガルの後援を必要とする立場にあったため、これを実行に移してしまう。

特に大村純忠は寺社仏閣にとどまらず**祖先の墓所の破壊**も命じたため、一部の家臣が反発し反乱が起こったほどである。また、恐るべきことに純忠は、イエズス会に長崎を丸ごと寄付している。もはや、日本を相手取った**宗教侵略**と表現しても過言ではない。

こうしたカブラルのやり方は、非キリシタン大名だけではなく、日本国民からの強い反発を招き、**宣教師やキリスト教に対する反感**を強める結果になった。

バテレン追放令

「本能寺の変」で横死した信長の後を継いだ豊臣秀吉は、島津氏を征伐して九州を平定する。

そこで、大村純忠が長崎をイエズス会に寄進したことや、神道・仏教に対する迫害、ポルトガル人が日本人を奴隷として売買していたことなどが発覚する。

秀吉は激怒し、イエズス会の中心人物ガスパール・コエリョを呼び出すと**徹底的に尋問し**、博多で「バテレン追放令」を発布した。

「南蛮屏風」に描かれたイエズス会の宣教師たち。別名「耶蘇会（やそかい）」とも

コエリョ自身は親日家であったといわれ、**前任のカブラルの悪事**を責められ、いたたまれない気持ちだったことだろう。

また、配下の増田長盛などにスペイン人から「スペインの思惑を調査させた結果、スペインは、まず多数の宣教師を送りキリシタンを増やす。そしてキリシタンに改宗した者と力を合わせて諸国の君主を倒してきたのだ」という証言が得られた。

アジアの盟主となろうとしていた秀吉は、スペインが日本を**植民地化**しようとしていたことを知り、不信感を強くしたのであった。

もっとも、ほとんどの宣教師は親日家で、また教会のそばに病院を建設し、布教だけでなく医療行為を熱心に行っていた。日本は**宣教師から多くを学んだ**ことも忘れてはならない。

佐藤主計守正清

第2章 日本人の対外遠征

三国志と邪馬台国の意外な関わり

三国志の世界

前章では近代以前の「日本と外敵との戦い」を紹介したが、本章では逆に、**日本の方から大陸へ仕掛けた戦争**を取り上げたいと思う。

まずは、戦争はしていないものの、日本が中国のダイナミックな領土争いに巻き込まれた**『三国志』の時代**を紹介しよう。

世界中で親しまれている中国の『三国志』は日本においても大人気である。ゲーム、漫画、アニメ、映画……。劉備、関羽、張飛、諸葛亮といった**英雄が大活躍**する世界観は、多くの人々を魅了してやまない。

その舞台は2世紀末、漢王朝の力が衰え、国は乱れ反乱が相次いだ中国だ。

「黄巾の乱」をきっかけとして、各地に群雄が並び立ったが、やがて北部の**魏**《ぎ》と南西部の**蜀**《しょく》、南東部の**呉**《ご》にまとまり、大陸を舞台に三つ巴の争いが繰り広げられることになる。

後に歴史家の陳寿《ちんじゅ》が著した史書『三国志』には、意外なことに日本のことが詳しく書かれている。

そこには、あの**卑弥呼《ひみこ》の邪馬台《やまたい》国**が大国として記録されており、三国の一角、魏に大変優遇されていたことが読み取れる。

「卑弥呼の墓最有力」と言われることもある福岡県の平原（ひらばる）遺跡

なぜ魏にとって、**辺境の島国**のいち地域を支配する邪馬台国が重要だったのか？学校では習うことのない、卑弥呼と魏との関わりについて紹介していこう。

卑弥呼と魏国

当時中国で日本と接点を持ち得た土地は、朝鮮半島中西部の帯方郡《たいほう》だけ。三国時代の帯方郡は、しばらくは公孫氏という一族が支配しており、卑弥呼もここに朝貢していたという。

公孫氏を滅ぼした魏が帯方郡を支配すると、邪馬台国との**外交関係**が始まった。

『三国志』の「魏志倭人伝」によれば、239年に卑弥呼は魏に遣使し、「親魏倭王」の称号と金印紫綬を授与され、しばしば朝貢したという。

また、248年に卑弥呼が亡くなったこと、卑弥呼の死後に男の王が立ったが内乱が起こり、結局**女王の台与《いよ》が乱を治めた**こと、彼女が再び魏に朝貢したことも綴られている。

また、現在の日本は「鉱物資源の見本市」といわれるほど**多種多様な鉱物資源**が採れることで知られるが、当時の倭国も特産物が多いと特筆されており、真珠、青玉（ひすい）、丹（水銀と硫黄の化合物）、クヌギ、クワ、生姜、茗荷、黒雉などが列挙されている。

卑弥呼が、たびたびこれらの特産品を魏に贈ったのは、邪馬台国が**脆弱な王権**だったことの何よりの証拠だろう。

自国の力だけで他国を圧倒できるのであれば、外国の王朝の後ろ盾などなくても権威が維持できるはずだからだ。

優遇されていた邪馬台国

中国の王朝は、代々漏れなく**「中華思想」**という考えを受け継いできた。

中華思想とは、「中華を支配する天子が徳を修めることによって、東夷《とうい》・西戎《せいじゅう》・北狄《ほくてき》・南蛮《なんばん》という四方の夷狄《いてき》が、中華の徳を慕って朝貢してくる」という、なんとも自国中心的な思想である。

つまり北部のモンゴル系、西部のチベット系、東部のツングース系や日本などは、異民族であり野蛮な**〝夷狄〟**なのだ。

陳寿の『三国志』で夷狄について書かれているのは巻30「烏桓《うがん》・鮮卑・東夷伝」で、この中で「倭人伝」は1983字で構成されている。

3世紀の東アジア。「三国志」とはいうが、カギとなる国は他にもたくさんあったのだ

「烏桓伝《うがん》」が462字、「鮮卑伝《せんぴ》」が1230字、「夫余伝《ふよ》」が715字、「韓伝」が1427字であることから、最多の字数が割かれている。

また、「親魏〇王」は夷狄に与えられる称号だが、授与されたのは、卑弥呼の「親魏倭王」と**「親魏大月氏王」**のみだ。

大月氏国とは、中央アジアから北インドにかけて、1世紀から3世紀頃まで栄えたイラン系の王朝である。

仏教を保護し、全盛期を築いたカニシカ王が有名だが、魏から「親魏大月氏王」を贈られたのはカニシカ王の孫のヴァースデーヴァ王だ。

三国の一角、蜀は西方のチベット系異民族と連携していたから、魏としては、背後の大月氏国を優遇することで、蜀と異民族との連携を防ぎ、**背後からけん制**したかったのだ。

一方、南方の海上に位置し、**呉の背後**にあると考えられていた邪馬台国は、東夷の中でも最大の国家と認識されていた。

「倭人伝」によれば、「奴《な》国の人家が2万余戸、投馬《とうま》国の人家が5万余戸、邪馬台国の人家が7万余戸」とある。

他に記載のある一支《いき》国、末盧《まつら》国、伊都《いと》国も合わせると倭国全体で**約16万戸**に及ぶ。これは大月氏国の10万戸をも上回っている。

実際の規模は別にして、大国として伝えられていた倭国の朝貢は魏を大いに喜ばせた。

水軍の運用を得意としていた呉の背後にある倭国を優遇することで、呉の海上支配に対抗できる。いざとなったら**魏と倭国とで挟撃する**ことも想定していたのかもしれないが、さすがに邪馬台国にはそこまでの力はなかっただろう。

狗奴国と呉

「倭人伝」の記載によると、卑弥呼は晩年、狗《く》奴《な》という国との戦いに明け暮れた。狗奴国は1国で邪馬台国連合の29ヶ国を相手にしていたようだ。卑弥呼は**帯方郡に応援を求めている**ことから苦戦していた様子が伝わってくる。

魏からは**錦の御旗「黄幢」**が邪馬台国に届けられる。黄色は魏のシンボルカラーである。

狗奴国と邪馬台国連合の戦いの行方ははっきりしない。卑弥呼は交戦中に亡くなっているし、勝敗についても史料に残されていない。

狗奴国の場所も「邪馬台国の南にあった」と書かれているため、邪馬台国の場所が判明しない限り分からないのだ。

「魏志倭人伝（東夷伝）」。日本の豪族の力関係など、詳細にわたって記述してある

それにしても、魏の後ろ楯まで得た邪馬台国連合と、狗奴国は**単独**で戦うことができたのだろうか？

実は、日本では**呉の年代が入った**神獣鏡が見つかっている。これを、魏が邪馬台国から冊封を受けていたように、呉の影響下にあった勢力が日本にあったと仮定するならば、その勢力とは孤立していた狗奴国以外に考えられないのだが、どうだろうか？

ちなみに、中国を舞台に三つ巴の戦いを繰り広げた魏・呉・蜀だったが、結局は魏でクーデターを起こした**晋国**《しん》が２８０年に中国を統一することになる。

日本はといえば、卑弥呼とも何らかの関係があると思われる**大和王権**が中央に進出し、いよいよ統一王朝を建国するのである。

半島の覇権の行方　白村江の戦い

朝鮮半島の情勢

卑弥呼の邪馬台国と中国の交流から４００年ほど後、日本には**大和朝廷**が成立し、第36代孝徳天皇の治世にあった。

実権を握るのは、中大兄皇子《なかのおおえのおうじ》。彼といえば、「大化の改新」で蘇我氏を滅ぼしたことや、日本初の戸籍「庚午年籍」を作った功績が真っ先に思い浮かぶ。

しかし、実は中大兄皇子は、**朝鮮半島の情勢に介入**することによって、日本を歴史上初めての「中国との戦争」に導いた人物でもある。

なぜ、海を隔てた日本が、半島の争いに介入することになったのだろうか。

この頃の朝鮮半島には**3つの国**が存在していた。『三国史記』によると、**高句麗**《こうくり》が一番古く紀元前２７７年頃に成立し、次に３４６年に**百済**《くだら》が建国され、10年後に**新羅**《しらぎ》が成立したとされる。

４世紀以降、朝鮮半島では３ヶ国による三つ巴の争いが続くこととなる。３国の関係性が急変したのは、６１８年に**中国の王朝・唐**が成立してからだ。

新羅が唐風の衣装や冠、年号を使って臣従したのに対し、国境を接する高句麗や、新羅と激しく対立する百済は唐と緊張関係に入る。

中臣鎌足と共にクーデター「大化の改新」を成功させた中大兄皇子（天智天皇）。
これは即位後、鎌足が病気と聞いてお見舞いにかけつける様子（「多武峯縁起絵巻」）

642（皇極元）年、百済の義慈王が高句麗と連合して新羅に侵攻すると、新羅は唐に**必死のSOS**を送る。

唐は高句麗を攻撃し、百済には新羅から奪った土地を返還するよう通達した。

唐との対立が深まった百済は、**伝統的な友好国・日本**との通商に力を入れるようになり、日本も唐に攻められる高句麗を援助して、侵攻を3度にわたって防いだ。

こうして、日本も朝鮮半島をめぐる各国の思惑と無縁ではいられなくなってきたのだ。

660（斉明6）年、唐は均衡を破るべく、13万もの兵で百済に攻め込み、百済の都である**扶余《ふよ》を陥落**させた。

百済の義慈王ら王族はことごとく唐軍に捕えられ、唐の都・長安へ護送されていった。

日本による救済

百済の王室は壊滅したものの、その**遺臣たち**はすぐさま復興に向けて動き始めた。中でも鬼《き》室福信《しつふくしん》は戦上手で知られ、都のあった扶余と公州以外は未だ制圧されていなかったのだ。

9月、福信は日本に使者を送り、「日本に同盟の人質として滞在している義慈王の子・**余豊璋**《よほうしょう》**を王に立てて百済を再興したい**から、軍を派遣して欲しい」と要請した。

当時の斉明《さいめい》天皇は百済救援軍を派遣することを決定。翌年1月には、女帝自らが兵を率いて大和を立ち、2ヶ月半にも及ぶ移動ののち、九州筑紫の朝倉宮に入った。

この遠征軍には中大兄皇子（後の天智天皇）、大海人皇子（後の天武天皇）も参加している。

中大兄皇子は筑紫で政務を執るかたわら、百済に武器と食糧を送った。

9月には王子・豊璋に妻を娶らせ「織冠《しきかん》」を授ける。これは当時の冠位19階制において**最高位**だ。彼は筑紫太宰師、阿倍比羅夫《あべのひらふ》を中心とした筑紫豪族5000人を伴い海を渡った。

比羅夫たちの加勢によって、百済は**旧領を次々に回復**し、新羅が頼みとする唐は高句麗に手こずって駆けつけることができなかった。

ここまでは日本優位に戦況が推移していた。

翌年、高句麗は唐と新羅の連合軍に攻められたため、日本は求めに応じて兵を送った。これで唐の南進と新羅の西進は食い止められた。

さらに日本は**来るべき決戦**に備えて武器を整え、船を準備し、兵糧を蓄えたのだった。

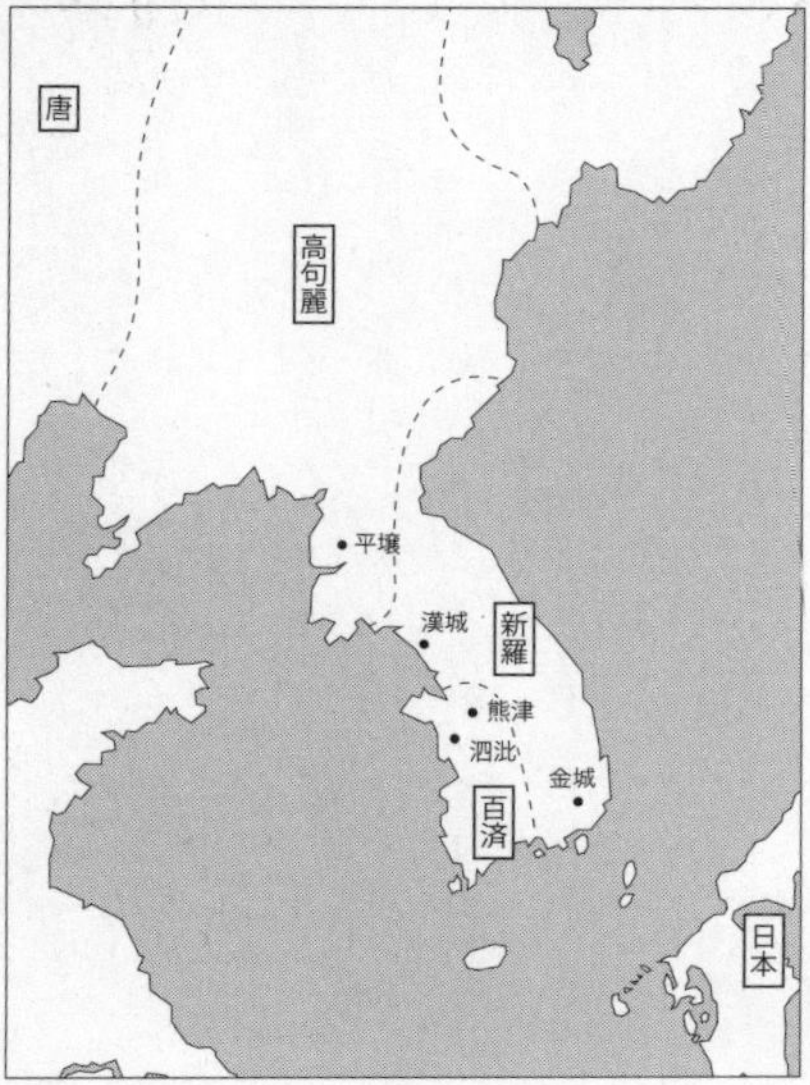

当時の朝鮮半島の勢力図。唐と新羅が結びつき、高句麗と日本と百済の関係が良好だった。

６６３（天智２）年3月、日本はついに2万７０００人の兵を百済へ派遣する。これは新羅本国の攻撃を目指すものであり、たまらず救援要請を受けた唐も大軍を派遣する。

ここで百済にとって大きな痛手となる事件が起こる。復興運動の中心人物だった福信が**謀反の疑い**をかけられ、粛清されてしまったのだ。

一致結束しなければならない時期の内輪もめで百済の戦力は**大幅にダウン**。

この隙を唐が見逃すはずもなく、大軍が復興運動の拠点・周留《スル》城に迫る。ここが落ちてしまえば百済復興は夢と消える。

日本はきたる唐・新羅連合軍との決戦のために、第3次派兵を決断する。その数、１０００隻。彼らは百済を救援するため、周留城がある錦江流域、別名「**白村江**」に向かったのだ。

白村江の決戦

東進してきた新羅軍と南進してきた唐軍は、かつて百済の王都があった扶余で合流すると8月17日には周留城を包囲した。また唐の水軍は陸軍と合流しようと、軍船170隻を擁して白村江に陣列を整えた。

日本の援軍の先遣部隊は8月27日に白村江に到着したのだが、その時たまたま唐の水軍と遭遇、あっけなく敗北してしまい**決戦への不安**を露呈する形となった。

翌日、夜明けと共に白村江で全面戦争が始まった。ここを突破しない限り、日本軍は周留城にたどりつけない。

数では敵を上回っていたはずの日本だったが、戦況は**徐々に悪化**していった。

というのも、日本が貧弱な小舟の寄せ集めであるのに対し、唐は最新の技術を集めた大型船で武装していたのだ。

さらに致命的な弱点は、日本軍に**全体を統轄する指揮官がいなかった**ことである。前述した「文永・弘安の役」や、「刀伊入寇」の時には強力な指揮官が豪族を束ねていたが、この時は中央の豪族が地方豪族を連れているだけで、作戦もなく先陣を争って戦うばかりだった。

百済王・豊璋は隊伍が乱れた中軍を率いて敵の中央突破を図ったが、唐の水軍に挟み撃ちにされてしまい、いよいよ日本軍は**壊滅状態**に陥った。

逃げ出す者も現れ、日本軍の船は敵に次々に沈められていく。400隻を失い、それらが燃

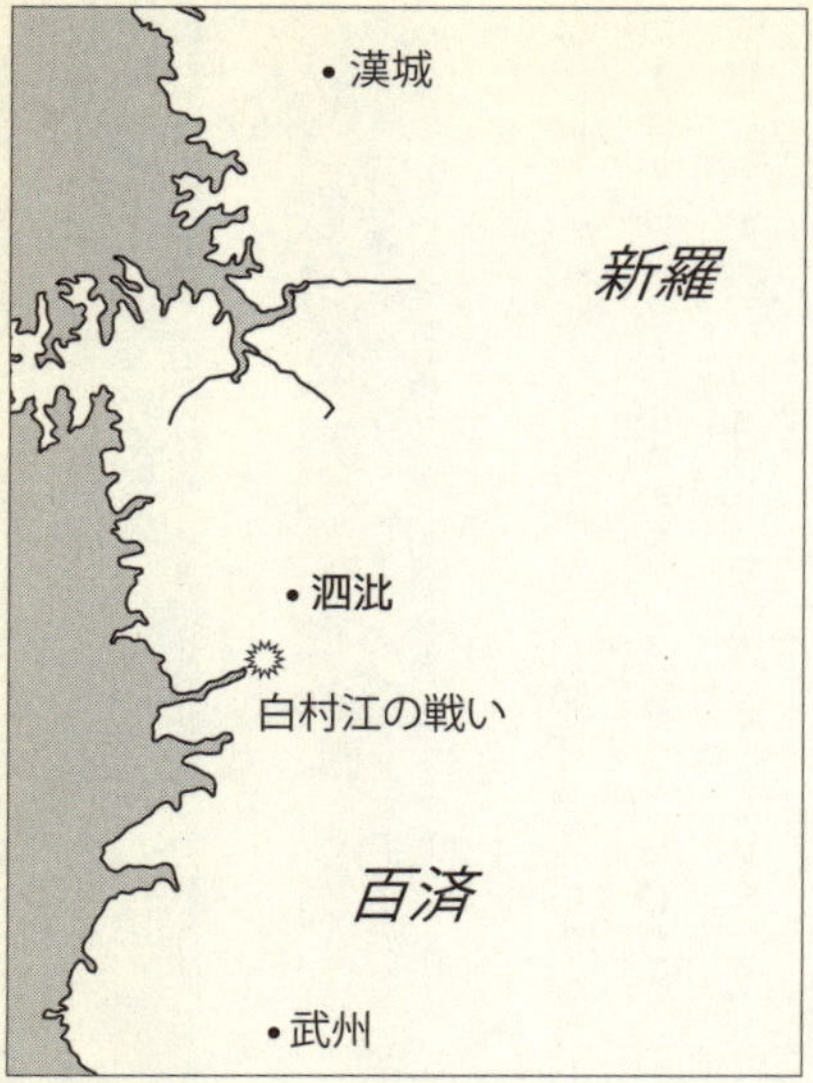

「白村江の戦い」の舞台の周辺地図。この戦いに敗れたことで日本は完全に朝鮮半島での影響力を失った

えた煙が高々と上がり、炎は天を焦がす勢いであったという。また海水は**日本軍の血で赤く染まった**と伝えられている。

百済王・豊璋は数人の従者と共に高句麗に逃れた。その後、城主を失った周留城も降伏し、百済復興の夢は完全に潰えたのである。日本は朝鮮半島から手を引くことを決め、亡命を希望する百済人を船に乗せると一路日本へ帰還した。我国にとって、歴史上初の**対外戦争大敗**である。中大兄皇子は唐の報復を恐れ、中央集権的国家の構築を急ぎ、結果的に朝廷の権力が強化されることになる。

また、本土の防衛にも力を入れ、太宰府近くに百済の技術を用いた朝鮮式の山城や水城と呼ばれる大掛かりな壕を作った。これらは期せずして**モンゴル襲来の際に役立つ**ことになった。

戦国大名は世界をどう見ていたか？

鉄砲がもたらした全国統一

「白村江の戦い」で大敗して以降、日本は完全に大陸の情勢から手を引き、それから**900年余り**は領土的野心を抱く者は現れなかった。

しかし、1467（応仁元）年の「応仁の乱」をきっかけに戦国時代が到来すると、全国を統一し、日本中に号令をかけて海外遠征をしようという者が現れる。

海外遠征の紹介の前に、**全国統一を可能にしたある兵器**について解説しておく必要がある。

1543（天文12）年に伝来した**鉄砲**だ。

鉄砲の登場によって日本の統一は明らかに早まった。日本はただ買うだけではなく、東アジアで唯一、国産化を成功させている。

鉄砲伝来と海賊王直

『鉄炮記』には伝来の様子が事細かに記録されている。

ある日、種子島の西浦の小浦に一隻の大型船が漂着する。船客100余人はどこから来たか分からないような**異様な服装**をしており、言葉も通じない。

その中に明の五峰という者がいたため、砂上

織田・徳川連合軍によって壊滅状態に陥る武田氏の騎馬隊（「長篠合戦図屏風」）

で筆談を行うと、船上の人たちが**「西南蛮種」**の商人であることが分かった。

そして、その地の領主である種子島《たねがしま》時堯《ときたか》は、未知の新兵器である鉄砲2挺を、200両（当時の貨幣価値で400万円）で買い上げたのだ。

時堯は数人の刀鍛冶に**「これと同じものを作れ」**と命じる。〝無茶ぶり〟のようだが、種子島では砂鉄が産出していたため、かなりの鉄工技術を持っており、ほぼ同じものが作れたという。

だが、ネジの構造だけは解明できず、筒の底を塞ぐ方法は分からなかった。幸運なことに、翌年に種子島に来航したポルトガル船のなかに鉄砲製造に通じた者がおり、最後の難関であったネジの構造も解明され、たちまち**数十挺の鉄砲が製造された**という。

時堯は家臣に火薬の製法も学ばせた。

当時の火薬は硝石（硝酸カリウム）75パーセント、木炭16・7パーセント、硫黄8・3パーセントを混ぜる**「9・2・1方剤」**の方法で作られたといわれる。

日本は火山大国なので**硫黄**は簡単に手に入るし、森林大国でもあるので**木炭**も容易に採れる。足りないのは**硝石**だけだ。

ここで活躍するのが、鉄砲伝来に立ち会った明の五峰である。この五峰、正体は日本近海を荒らし回る海賊・**倭寇の頭目で本名を王直**という。

明政府に密貿易の拠点を壊滅させられた王直は日本の五島列島に移り、需要が高まる硝石を持ち込む〝シノギ〟を思いつく。

このビジネスは莫大な利益をあげ、後に王直は九州の大名の庇護のもと、平戸に豪邸を構えて暮らしたという。王直は中国では大犯罪者だが、日本にとっては鉄砲をもたらし、普及につとめた**恩人**かもしれない。

織田信長と宣教師

新兵器の威力にいち早く注目していたのが、織田信長である。信長といえば「長篠の戦い」で鉄砲を大量に運用したとされているが、実は「桶狭間の戦い」の時に、すでに**200人に鉄砲を持たせていた**という。

新しいものが大好きな信長は、日本に布教に訪れていた宣教師とも積極的に交流を持つ。

彼らは医学、地理学、天文学、暦学に通じているものが多く、信長は生涯で**30回以上**宣教師と会談している。

狩野宗秀が描いた織田信長の肖像画。弱小大名から成り上がったと思われがちだが、信長の尾張（愛知県）は人口密度が高く、京からも近い。また嫡男として生まれているあたり、運も良かったといえるだろう。

信長は知識人としての宣教師を褒め称え、僧侶をけなしている。当時、仏教勢力と敵対していたという事情もあっただろうが、宣教師を優遇し布教許可を与え保護するようになった。『日本史』の著者ルイス・フロイスは18回以上、京都に南蛮寺を建てたオルガンティーノは17回以上信長のもとを訪れている。

信長は宣教師が持ってきた地球儀を通じ、**地球は丸い**こと、日本は**小さな島国**であること、世界には文明の進んだ強国が10ヶ国以上あることなどを学ぶ。

世界を知ってしまった信長は、貿易で国を豊かにする「重商主義」政策を優先させるため次々と改革を打ち出すことになる。

彼の目は、国内統一から**次のステージ**を見据え始めていた。

織田信長の外征計画

ルイス・フロイスの『日本史』には、信長の驚くべき計画が記してある。

「織田信長は、毛利を征服して日本の66ヶ国の領主となったならば、武力で中国を奪うために、**海を渡る大艦隊**を準備させることと、日本の土地を彼の子どもたちに分け与えることに意を決していた」

ここでいう中国とは中国地方のことではない。日本が長らく手を引いてきた**大陸の中国**のことである。さらに、堀杏庵《ほりきょうあん》の『朝鮮征伐記』には、信長と配下の豊臣秀吉の大胆なやりとりが紹介されている。

1577（天正5）年に、秀吉が毛利家攻めに出陣したとき、信長は秀吉にこう言った。

「毛利退治に成功すれば、彼の領国である中国地方を与えるから、その勢いで九州地方を征伐せよ」

秀吉はこう答えた。

「中国地方は、ひとりに1国の割合で、私の配下の武将たちに分け与えてください。私は九州を切り従え、そこの年貢を1年分頂いて、兵員、兵糧、兵船を蓄えて**朝鮮に攻め入ります**。そこを攻略したら明を征伐しましょう」

気宇壮大な大事業だったが、1582（天正10）年に信長は明智光秀に裏切られ「本能寺の変」で命を落としてしまう。

「当時の織田軍はポルトガルの軍事力を上回っていた」と分析する研究者もいる。信長があと10年生きていたら、もしかしたら世界地図が塗

明智光秀の配下に襲撃を受ける織田信長。天下統一の夢は潰えた（「本能寺焼討之図」）

り替わっていたかもしれない。

信長主従の計画は**「征明構想」**と呼ばれる。

織田信長亡き後、天下人となったのはもちろん豊臣秀吉である。秀吉も、日本統一だけで終わるつもりは毛頭なかった。

秀吉は天皇を世界の指導者とする、新たな国際秩序を志向していたとされる。関白である自分は補佐役に就き、スペイン王、ポルトガル王、明国皇帝などをその臣下とするのだ。

現に秀吉は、天下を統一して関白に就任すると朝鮮、琉球王国、高山国、ゴアのポルトガル政庁、マニラのスペイン政庁に使者を送り**服属と入貢**を要求している。もちろん、そんな物好きな国はなかった。そこで、武力で大陸を征服し、自分の望む国際秩序を築こうとしたのが後述する**「文禄の役」「慶長の役」**なのだ。

文禄の役 〜日本 対 李氏朝鮮篇〜

秀吉の九州平定

日本史の授業では、日韓の歴史問題に触れることから、**さらりと流されがち**な朝鮮出兵。

「秀吉の無謀な侵攻作戦で朝鮮半島は大混乱に陥り、残虐行為が横行、知識人が多く拉致された」または「最初は連戦連勝だったものの、義勇軍が立ち上がるとたちまち苦戦し、李舜臣《りしゅんしん》率いる朝鮮水軍に撃退された」といった捉えられ方をされることが多い。

一方で、**日朝和平の道を探った大名**がいたことや、敵に寝返った日本人や朝鮮人の存在などは、ほとんど知られていない。

ここでは、秀吉の治世でいったん争いを終えた**戦国時代のオールスターキャスト**が、いかにして異国の地で戦ったのか、俗説を排して克明に描いていきたい。

「本能寺の変」で散った信長の**「征明構想」**を受け継いだ秀吉は、信長の死の5年後の1587（天正15）年、薩摩（鹿児島県）の大大名、島津家を降し九州を平定。

すると壱岐、対馬もこれに従った。

日本海の要衝、**対馬を傘下に収めた**ことによって、秀吉の東アジア征服の野望は急速に具体化に向けて突き進み始める。

居並ぶ諸大名を前に朝鮮征伐を決意する秀吉（月岡芳年「朝鮮征伐大評定ノ図」）

対馬を領有していたのは、「応永の外寇」の時と同じく宗氏。秀吉は宗義智《そうよしとし》に対し、「今まで領有してきた対馬を安堵する代わりに、朝鮮国王を服属させよ」と要求した。

困ったのは義智である。秀吉の要求をそのまま伝えれば、**日朝間で戦争が起きる**ことは明白である。倭寇の取り締まりを口実に朝鮮から200石の禄を得ていた宗氏にとっては、朝鮮との国交が断絶しては**死活問題**に繋がる。

そこで義智は朝鮮に「豊臣政権が天下統一をしたので、これを機会に中断している通信使を派遣して欲しい」と「服属要求」とは似ても似つかない要望を伝えた。とにかく使者さえ日本に来れば何とかなると踏んだのだろう。

朝鮮側としても、秀吉に倭寇の取り締まりを期待していたこともあり、通信使が派遣された。

朝鮮出兵

朝鮮は1590（天正18）年、黄允吉《こういんきつ》を正使、金誠一《きんせいいち》を副使とする通信使一行を日本に派遣した。11月7日、秀吉は豪華な聚楽第で朝鮮通信使と謁見し、国王の国書を受け取った。あくまで**秀吉の国内統一を祝賀する**内容である。

秀吉は、朝鮮が服属したと思い込んでいるから、「明征服の道案内をせよ」と傍若無人な態度で言い放った。驚いた通信使はこれを拒否する。

冷や汗をかいた義智は「道案内というのは、明へ使節を送る際に道を借りるということだ」などと言い訳を並べて、使節を帰した。

秀吉から朝鮮国王への返書には「明征伐の際には案内人を務め、征服の暁には**日本の風習を広めよ**」といったことが書かれていた。

これを渡しては、開戦は必至だ。義智は、自身の娘婿で秀吉の信頼が厚い小西行長と共に、事を荒立てぬよう「明に使節を派遣するから道を貸して欲しい」という内容に**すり替えた**。

翌年3月、通信使一行は国王に復命する。

正使・黄允吉は「秀吉は恐ろしい人物である。朝鮮に兵を出すだろう」と諫言したものの、特に対策が立てられることはなかった。

すり替えの要求さえ拒否された秀吉は、明より先に朝鮮を征伐することを決め、肥前（佐賀県）名護屋城の建設を九州の大名に命じる。「文禄の役」の開始である。

1592（文禄元）年、秀吉の名で**総勢16万人の朝鮮征伐軍**が組織された。一番隊は小西行長、宗義智が率いる1万8700人。700隻

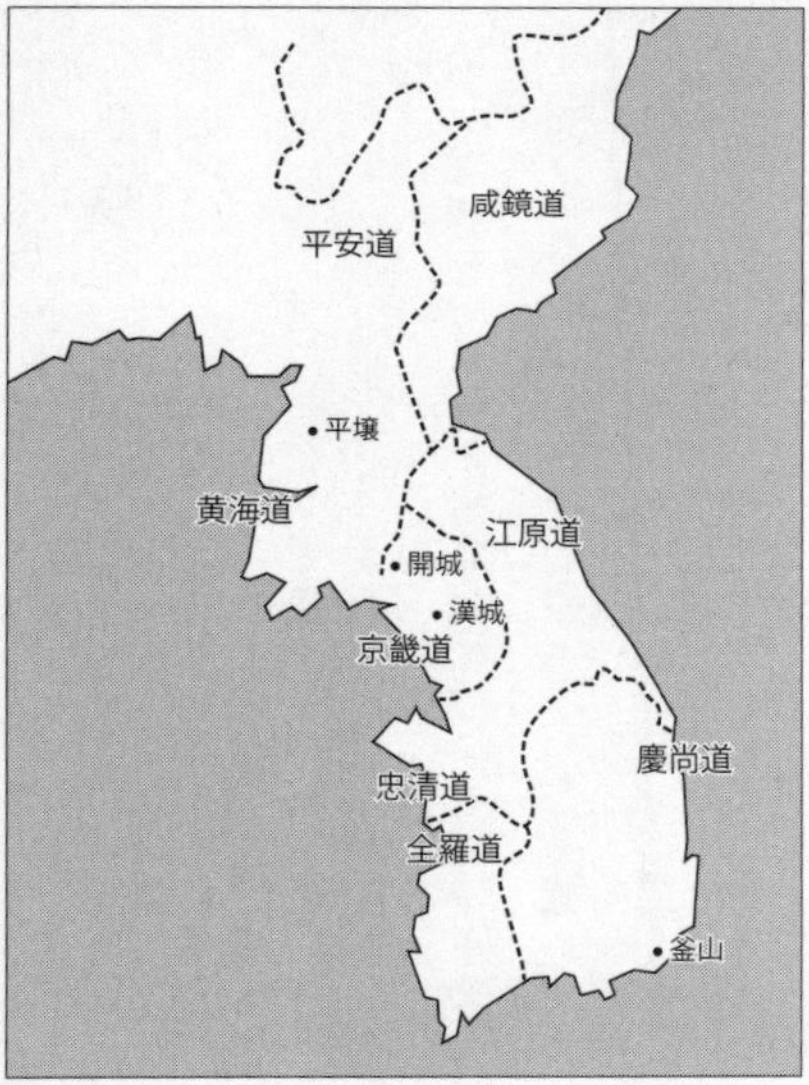

当時の朝鮮の地図。「道」という区画で地方が区別されていた。

の船に分乗し一路釜山浦に迫った。

一番隊は釜山鎮城に**「仮途入明（明への道を貸せ）」**を要求。予想通り朝鮮側が拒否したため、翌朝から総攻撃を加えた。朝鮮軍は新兵器・鉄砲の威力に驚き戦意喪失してしまい、あっさりと1日で陥落した。

勢いに乗る日本軍は翌日東莱《とうらい》城に迫り、ここでも「仮途入明」を求めた。対する東莱府使・宋象賢《そうしょうけん》は「戦って死ぬのは易いが、道を貸すのは難しい」と言ってのけたが、わずか2時間で陥落、勇敢な宋象賢は戦死した。

朝鮮と関係が深い義智と行長がいる一番隊は、開戦してからも、なるべく戦を避けようと「仮途入明」を繰り返したのである。

東莱城が陥落したとの報告を受けた朝鮮国王宣祖《せんそ》は、さっさと漢城を脱出して**平壌に逃亡**してしまい、国民を失望させた。

二番隊を率いるのは猛将・加藤清正。予定より少し遅れた4月18日に釜山浦に上陸し、翌日には彦陽を、20日には古都慶州を攻略した。

朝鮮の正規軍は史料上は17万人と記録されているが、脱走が相次ぎ**壊滅状態**だった。

5月2日夕方、もぬけの殻となった漢城（ソウル）東大門に一番隊小西行長が到着。二番隊加藤清正も翌日早朝に南大門から入城した。

続いて黒田長政の三番隊が7日に、八番隊の宇喜多秀家も8日には入城した。

陸上の部隊はこのように破竹の進撃を続けていたが、ここで**制海権の問題**が浮上する。

4月半ばには、日本軍は慶尚左水使、慶尚右水使の元均率いる水軍を破ったが、ここで救援に登場したのが、全羅左水使の**李舜臣**であった。

海戦巧者、李舜臣登場

彼が合流するや、日本軍は4月下旬、5月下旬と戦うたびに敗れるようになる。

日本軍の船は物資や兵員を送る輸送船が中心なのに対し、朝鮮は長年苦しめられた倭寇への対策から軍船を保有し**火砲を搭載**していた。

7月上旬には海賊大名・九鬼《くき》嘉隆《よしたか》に加えて加藤嘉明、脇坂安治らが水軍を急きょ編成して李舜臣に挑むも、これも敗北してしまう。この結果、黄海からの補給路が断たれてしまった。

連敗を受け、秀吉は的確な**戦略変更**を行う。海戦を避け、島々に城を築きそこから朝鮮水軍に砲撃を加えること、指示があるまで戦わず、相手を深追いしないことなどを徹底させた。

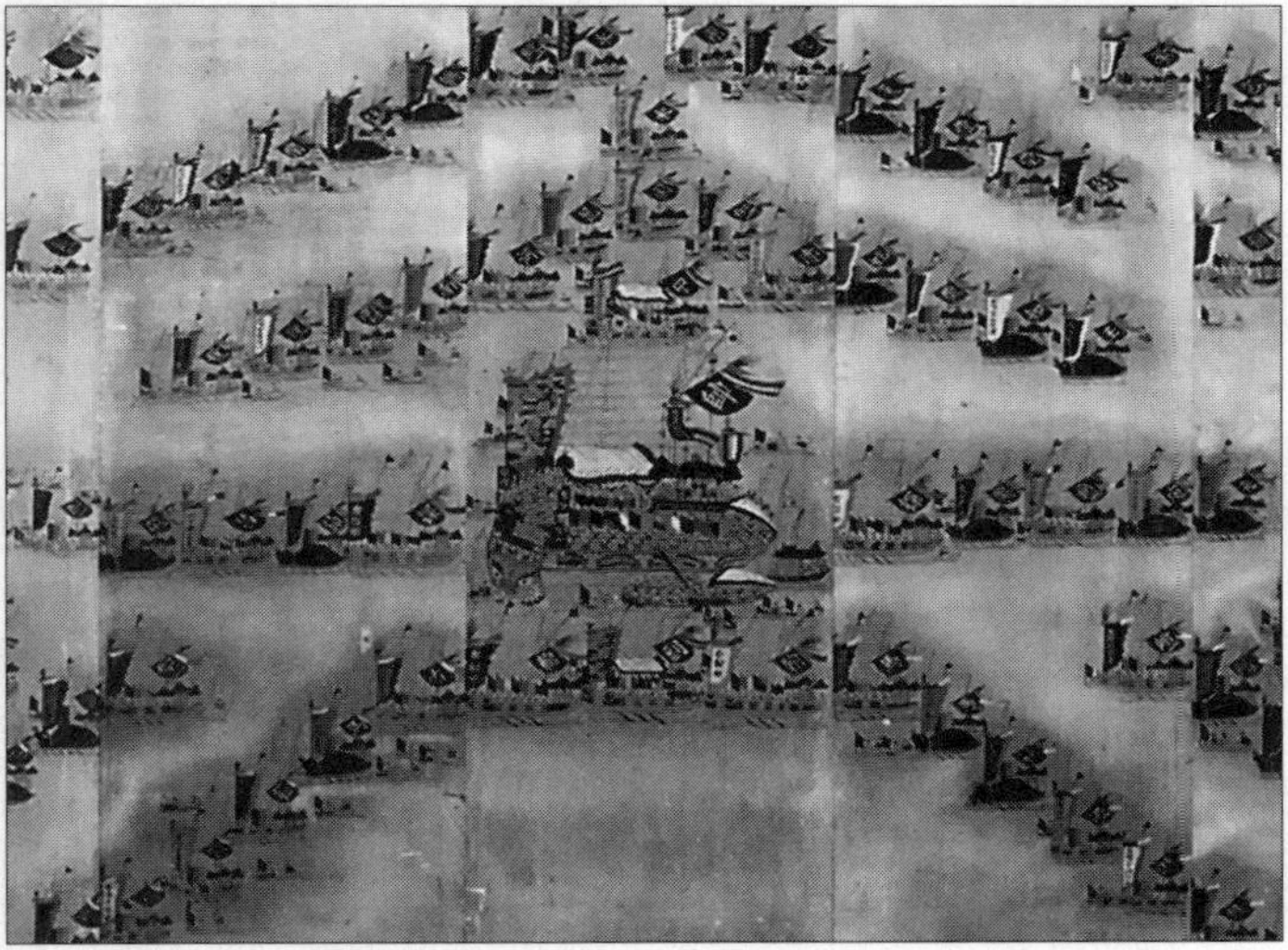

李舜臣が率いたといわれる水軍を描いた絵画

日本軍は肥前名護屋、壱岐、対馬、釜山をつなぐ海上交通路を整備し、補給物資は釜山へ荷揚げした後、内陸輸送していた。勢いに乗る李舜臣は**釜山を占領奪還**することで、日本軍の補給路を完全に寸断しようとする。

8月29日、李舜臣は釜山浦に総攻撃を加える。日本軍は海ではなく、城や山上から反撃した。朝鮮軍は多数の死者を出し、李舜臣は陸戦では日本に敵わないことを悟り退却する。打撃を受けた朝鮮水軍は目立った活動を停止し、以後終戦まで「名護屋～釜山ルート」が遮断されることはなかった。

この後、日本と朝鮮の間で和議の話が持ち上がるが、すぐに頓挫。朝鮮国王は平壌を放棄し、北の**強大国・明に救援を求める**こととなる。

日本軍は戦わずして、平壌まで手に入れた。

文禄の役～日本対明国篇～

明軍の参戦

開城攻略後、二番隊の加藤清正軍は、平壌ではなく、咸鏡道《かんきょうどう》へと向かう。義勇兵の抵抗を蹴散らし、大した抵抗も受けずに中心地・咸興《かんこう》に到着すると、清正はいったん支配を鍋島直茂に委ね、北方遊牧民である女真族の居住地・**兀良《おらん》哈《かい》への侵入**を試みた。

女真族との国境に接している土地柄だから、周辺の朝鮮人は女真族に憎しみを持っていた。敵の敵は味方ということなのか、信じ難いことに**3000人もの朝鮮人が清正の軍に加わって行動を共にした**というが、結局侵攻は失敗してしまった。

祖国を裏切った朝鮮人がいるのだから、当然朝鮮に寝返った日本人もいる。彼らの中でも技術者は優遇され、官職を与えられた。火薬製造技術、射撃技術、刀槍の術などを朝鮮に伝えたのである。しばしば「戦争は**文化交流の側面**もある」と言われるが、「文禄の役」もまた例外ではなかったようである。

そんな中、朝鮮国王の救援要請を受けていた明は議論の末に援軍派兵を決定。明は琉球を通じて日本軍の大陸派兵の情報を掴んでおり、平壌が日本軍に占領されると「食い止めるならば、

加藤清正は朝鮮で虎を退治したという伝説を残している（月岡芳年「正清猛虎討取図」）

自国領土よりも朝鮮半島で戦った方が有利」と判断した。

援軍は名将と言われる大将軍の李如松《りじょしょう》が率い、副総兵・祖承訓《そしょうくん》が5万3000人の兵と共に従った。明軍は鴨緑江を越えて朝鮮に入ったが、彼らもあっけなく日本軍に破られていく。

というのも、明軍は**遊牧民の女真族と戦うために整備された軍隊**であり、鉄砲隊を軸に編成された日本軍には歯が立たなかったのである。

鉄砲の国産化に成功した日本は、一説によると数万～数十万挺の鉄砲が稼働中だったと言われており、数字だけ見れば世界でもトップクラスの**「銃大国」**だった。

また、祖国を守りにきたわけではない明兵の士気は極めて低く、山が多く平地が少ない朝鮮では明の騎馬隊は力が発揮できなかった。

明の策略で平壌を喪失

明の援軍は7月、小西行長が拠点とする平壌を攻撃するが、日本軍はこれにも**銃弾の雨**を浴びせ、敗走させている。

武力で勝とうとしていた明は、ここで方針を変更する。**「講話を結びたい」**として、口が達者な外交官、沈惟敬《しんいけい》を派遣してきたのである。

惟敬の要求は「日本軍の即時撤退」。対する行長は、撤退する代わりに平壌の南を流れる大同江以南を日本領土とすることと、日本からの封貢を求めた。封貢ということは、**明を宗主国として認める**ということだから、秀吉が許すはずがない。あくまで平和を求める行長は、ここでも独断で交渉を進めたのである。

惟敬は「よろしい。だが封貢には皇帝の許可が必要だ」と応じ8月29日、日本と明の間で休戦協定が結ばれることになった。

ところが、この惟敬という外交官が曲者であった。実は休戦協定は明軍の態勢を立て直すための〝**時間稼ぎ**〟に過ぎなかった。

時が経つにつれ、日本軍の補給線は、進撃に次ぐ進撃と李舜臣の攻撃で疲弊し、一番隊をはじめとして兵糧が乏しくなっていた。

この間隙を突くように、年明けすぐに李如松率いる4万3000人に朝鮮人1万人を加えた軍が、行長の**平壌城を取り囲んだ**。結果として日本軍は明に手玉に取られる形になった。

明軍はヨーロッパから買い入れた**仏狼機砲**という大砲を持ち込んでおり、これで平壌の外壁を破壊、城下に殺到した。これを宗義智、有馬

明軍が持ち込んだ仏狼機砲のレプリカ。日本では「国崩し」と呼ばれ、もっぱら陸戦で使われたが、元は艦船用だ（©Twilight2640 and licensed for reuse under Creative Commons Licence）

晴信ら1万5000人が迎え撃つ。

李如松の率いる明軍の前に一番隊は苦戦を強いられ、なんとか包囲を突破して平壌から脱出した。

その後、三番隊の黒田長政がいる白川に退却したのだが、明軍の李如松は追撃隊を編成してこれを猛追。日本軍はさらに**退却を強いられ**、六番隊の小早川隆景の漢城まで下がった。

この頃には、日本軍の戦略目標は朝鮮半島全域の支配から、漢城～釜山ルートの絶対的確保へと下方修正されており、江原道の四番隊・島津義弘、咸鏡道の二番隊・加藤清正などへも漢城への**撤退命令**が届いた。

猛将・清正の反対もあったものの、21日までに、ほとんどの軍勢が漢城へ集結することとなった。

日明和平交渉

平壌を奪回した明軍は、勢いに乗じて南下し、漢城を奪回しようとしたが、兵糧の確保に手間取って進軍できず、18日になってようやく開城入りし、さらに1週間後にようやく漢城に出発した。

日本軍に残った兵糧米は2ヶ月分。これでは籠城しても勝ち目がないと判断し、小早川隆景と宇喜多秀家が指揮する4万2000人が開城方面に進撃した。両軍は1月27日、漢城北部の碧蹄館《へきていかん》で激突。

勢いに乗る明軍であったが、今回ばかりは相手が悪かった。日本軍を率いる小早川隆景は**戦国一の智謀**を誇った毛利元就の三男であり、父に勝るとも劣らない知略の持ち主だった。的確な戦術で明軍を散々に打ち破り、李如松を**戦死寸前**まで追い詰める。

明軍は戦意を喪失し、漢城奪回という目標を放棄して開城まで撤退していった。この敗戦は朝鮮を大いに失望させるものであった。

勝利したものの、次第に両軍に**厭戦気分**が広がり、日本は3月半ば、交渉に行長を派遣する。相手は信用ならない外交官・沈惟敬だった。

講和という結果が欲しい惟敬と、平和を望む行長。目的が一致した2人は恐ろしい計画を立てる。なんと彼らは、それぞれの君主に都合が良いように、**日本には明の降伏使節**を送り、**明には日本の降伏表**を送ったのだ。

1596（文禄5）年9月1日、行長と惟敬が仕立てた降伏使節を受けて、明から派遣され

沈惟敬（左）と食卓で謀議を進める小西行長（右）（「絵本朝鮮征伐記」）

た冊封使が大坂城にやってきた。冊封使は王号と金印を秀吉に授与し、皇帝からの書状を読み上げた。そこには**「汝を封じて日本国王と為す」**とあった。

秀吉は政治顧問で臨済宗の僧、西笑承兌《さいしょうじょうたい》に書状を読み上げて聞かせるように言った。行長は承兌に**「書状の内容を誤魔化してくれ」**と懇願するも、彼は内容の通りに読み上げた。

日本が提示した和議7か条については何の言及もない上に、「貴様を日本国王として認めてやる」という不遜な言葉。

秀吉は大激怒し、直ちに朝鮮へ再派兵することを決定した。行長は秀吉から死を命じられるが、重鎮の前田利家や側室の淀殿がとりなしたお陰で命は免れた。惟敬の方は明政府から許されることなく**斬首**されてしまった。

再びの外征 慶長の役と天下人の死

慶長の役の勃発

「文禄の役」では明の征服が目的だったが、今回の遠征の目的は朝鮮半島南部四道（慶尚道、全羅道、忠清道、京畿道）を**力づくで制圧**し、支配することであった。

1597（慶長2）年、秀吉は14万に及ぶ大軍を編成し釜山へ向かわせた。黒田長政、小早川秀秋、宇喜多秀家、島津義弘、長宗我部元親、毛利秀元など有力な西国大名を総動員しての大遠征であった。これを**「慶長の役」**と呼ぶ。

日本軍は総大将の小早川秀秋を釜山浦に留め、軍全体を右軍と左軍に分けて侵攻した。

左軍は宇喜多秀家を大将とし、配下に小西行長、島津義弘らを置き南原を目指す。南原は古くからの交通の要衝であり、全州、公州を経て**穀倉地帯の漢城**に至ることができる。

明の副総兵の楊元が南原城を守り、塀を高くし壕を深くして待ち受けていたが、日本軍の総攻撃の前に明軍は敗走し、朝鮮軍は全滅した。

南原を攻略した左軍が全州に進撃を開始すると、守っていた明軍は次々に**城を捨てて逃走**し、日本は戦わずして全州に入ることができた。

一方、毛利秀元を大将とする右軍は、加藤清正、黒田長政を従えて、これも全州へ通じる軍

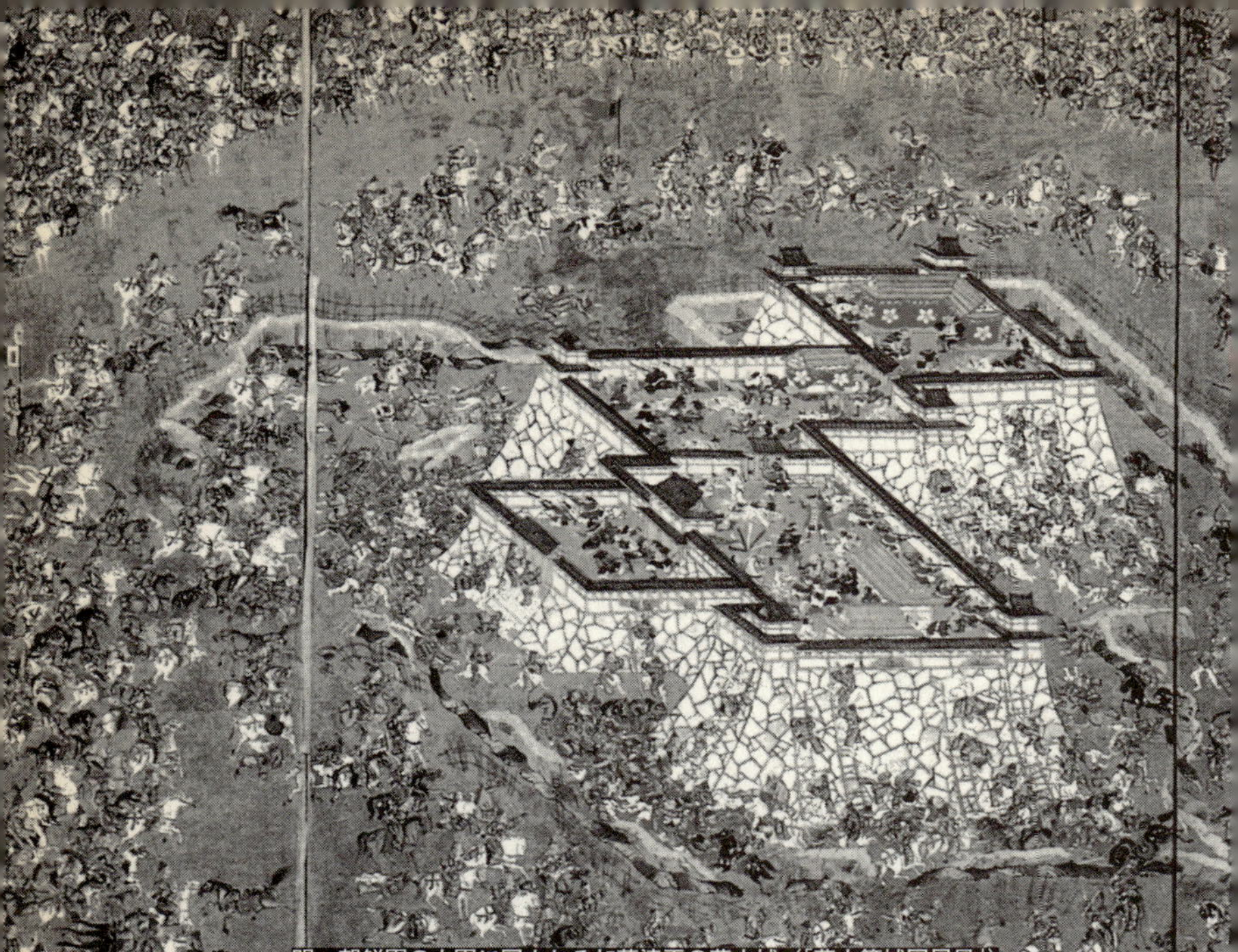

明・朝鮮軍の大軍に囲まれる加藤清正の蔚山城（「蔚山籠城図屏風」）

事・交通の要衝、黄石山城に向かった。

ここには**周辺の民衆**も集まって城を死守しようと意気込んでいたが、清正が16日に南門から突入すると戦況は日本軍優位に進み、あっという間に攻略してしまった。その後、25日には、全州で左軍と合流することに成功した。

彼らはさらに北上を続け、公州を経て錦江を越え、京畿道付近の天安を占領した。黒田・毛利軍はさらに北上し竹山を目指した。

竹山は京畿道の最南端に位置するため、京畿道攻略のためには必要不可欠だったからだ。

黒田・毛利軍は明軍を退けて京畿道へ入り、目標の竹山付近を掃討したが、留まることなく忠清道へと戻っている。前役ではゲリラに苦戦した苦い経験があったため、長期間**同じ場所に留まることを避けた**のである。

この後には加藤軍と合流し、南下を決定。慎重を期して、占領地からいったん退き、沿岸部に**日本式の城**を築き、そこで越冬してから漢城を攻略する作戦を立てたのである。

秀吉の死と撤退決意

しかし、日本で決定的な事件が起こる。1598（慶長3）年8月18日、天下人である秀吉が病に倒れ、**帰らぬ人となってしまった**のである。享年63。

もとはといえば、秀吉の妄執から始まった戦争だったから、最高意思決定機関である「五奉行」と「五大老」は**朝鮮戦役の撤収**を決意する。

10月15日には使者が蔚山の加藤清正、泗川の島津義弘、順天の小西行長のもとを訪れ、撤退命令を通達した。この件が知れ渡れば戦況が一変しかねないため、徹底した緘口令が敷かれた。

ところが、どこから漏れたのか**「秀吉死す」**の報は朝鮮・明も周知の事実となり、彼らは撤退していく日本軍に容赦ない追撃を開始した。

明軍は全軍を4軍に編成。麻貴《まき》率いる**東路軍**（明兵2万4000人、朝鮮兵5500人）は清正の蔚山城へ、董一元《とういちげん》率いる**中路軍**（明兵1万3000人、朝鮮兵2300人）は義弘の居城・泗川城へ、劉綎《りゅうてい》率いる**西路軍**（明兵1万3000人、朝鮮兵1万人）と陳璘《ちんりん》が率いる水路軍は行長のいる順天城へ狙いを定めたのである。

あらゆる戦闘の中でも、もっとも難しいとされるのが、敵に背を向ける撤退戦である。

麻貴率いる東路軍と朝鮮軍は9月20日、清正のいる蔚山城に到着し攻撃を仕掛けた。日本に

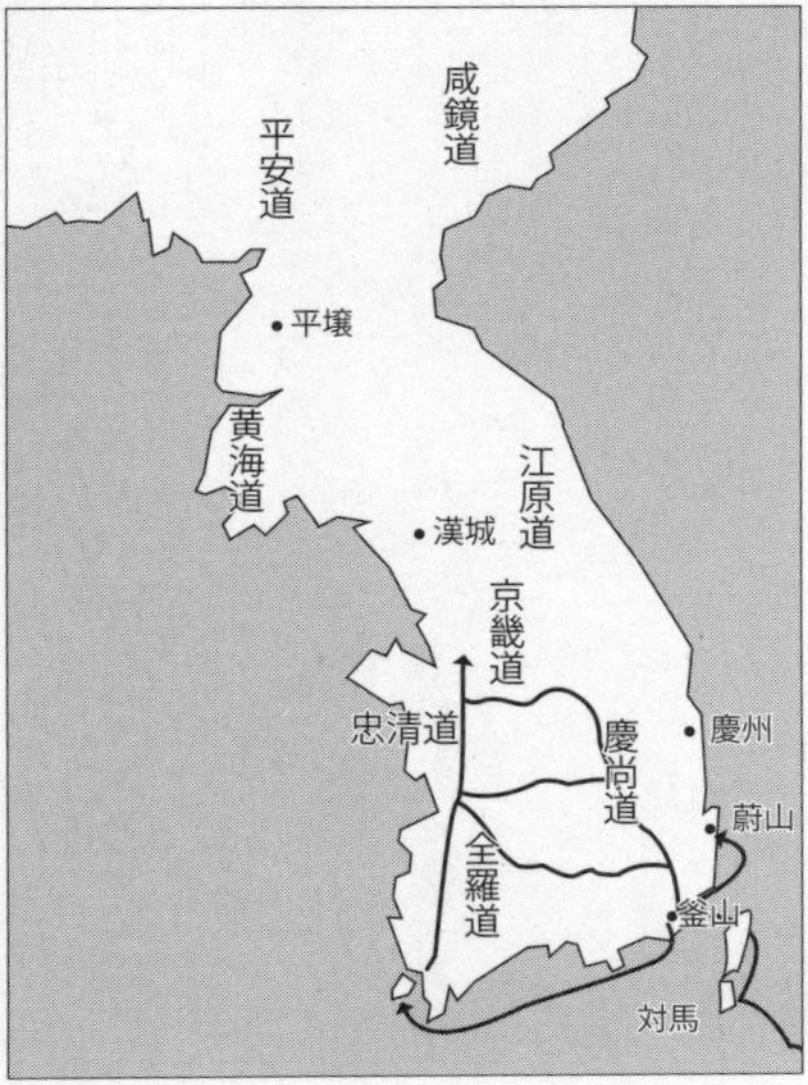

「慶長の役」時の侵攻図。作戦は順調だったが、途中で秀吉の死が発覚し、一斉に南下して退却した

とって幸いだったのは、清正が全国でも屈指の**築城の名手**だったことだ。

総攻撃を仕掛ける連合軍に対し、日本軍は鉄砲と弓矢で応酬。麻貴は敵わないと見て、蔚山城の攻撃を断念。慶州へ退却していった。清正は泗川の島津のもとを訪れ、連合軍を撃退したことを伝え南方に進んだ。

島津義弘・忠恒父子は1597（慶長2）年に泗川新城を完成させていた。城内の島津軍は数千人、それに対し明・朝鮮連合軍は4～5万人ほどであった。

総攻撃を仕掛け迫ってくる連合軍に対し、島津軍は**正確な射撃**で対抗し、連合軍が戦意を失ったと見るや、義弘は城門を開き打って出た。

鉄砲の腕に限らず、島津兵といえば**日本屈指の精強さ**で知られた一軍であり、混乱する連合

軍は、たちまち蹴散らされた。島津家の記録によれば、この攻撃で得た首は**3817級**とある。

絶望的な戦力差をひっくり返した薩摩隼人たちは勝鬨をあげ、悠々と引き上げた。

李舜臣との最後の戦い

順天城には小西行長、松浦鎮信、有馬晴信ら1万3000人あまりが在陣し、撤退の準備をしていた。

明の西路軍の他に、水軍も攻撃に加わったが、行長は**敵を買収**するなどあの手この手を使って劉綎と交渉し、退却の手はずを整えた。

あとは撤退するだけだったが、**最後の最後**にあの男が立ちはだかるのだった。

11月半ば、和議を成立させたはずの行長が、島津軍と合流する予定だった昌善島《しょうぜんとう》に現れない。

この頃、各地で連合軍を退けた日本軍は続々と釜山に集結しており、昌善島には島津の他に宗義智や立花宗茂も待機していた。

そこに、行長から救援を求める一隻の小舟が到着する。

「明・朝鮮水軍が海上を封鎖しており、身動きがとれない」。あの**李舜臣が和議を不服として、**海上を封鎖して行長の退路を完全に断ってしまったのである。

行長を救うため、勇将・島津義弘や立花宗茂、行長の娘婿・宗義智、寺沢正成らの諸将が順天に急行した。これを敏感に察知した連合水軍は包囲を解き、露梁津《ろりょうしん》へと向かった。

18日未明、露梁津に差し掛かった日本軍を連合水軍が待ち伏せ、挟み撃ちして戦いが始まっ

ソウルに建つ国民的英雄・李舜臣の銅像。未だに日本海を睨みつけている

た。先鋒同士が戦ううちに、やがて合戦は混戦の様相を呈し始める。島津家はここでも激しく戦い、**当主の義弘が乗る船**にまで敵が迫り、辛くも撃退する場面があったとされる。

李舜臣は日本軍の大軍相手に奮戦するものの、味方を救援したところで集中射撃を受けてしまい、ついに最期を迎えてしまう。遺言は**「我が死を全軍に伏せたまま戦え」**だったという。双方に甚大な被害が出る中、封鎖線が解かれた隙を狙って、行長は順天城を脱出した。釜山に集結していた日本軍も釜山城を燃やし、11月23日に朝鮮を離れた。

こうして、何かと朝鮮との戦いの中心にあった宗義智と行長の撤退をもって、長きにわたって続いた朝鮮戦役は**何も得ることなく**、終わりを告げたのである。

第3章
日本はいかにして日本になったのか？

大和朝廷はどのようにして成立した？

日本が日本になるまで

第2章では、**日本が大陸に仕掛けた戦争**について解説した。本章では、根本に立ち返り、現在の私たちが暮らしている日本が**現在の形を成すまで**を見ていこう。

日本は建国から現在まで、一貫して「万世一系」の天皇家を戴いているたいへん珍しい国である。まずは、天皇を中心とする大和朝廷が日本を統べる勢力に成長するまでを解説したい。

2～3世紀に存在したと思われる卑弥呼の邪馬台国については、すでに記した通りだ。

266年、中国を統一した晋国に倭国の使者が朝貢したという記録を最後に、倭国に関する記述は中国の書物から姿を消す。

おそらく、その頃の中国は異民族の侵入や内乱で混乱続きで、**東アジアでの影響力**が弱まり、日本から使者を送ることが少なくなったものと考えられる。

再び登場するのは、413年の『梁書』倭伝における「倭王讃」の朝貢だ。150年もの空白期間を経て、日本は大きく変わっていた。

大和朝廷が成立し、統一国家が作られていたのである。王の陵墓、古墳も数多く造られ、有名な**「前方後円墳」**も誕生していた。

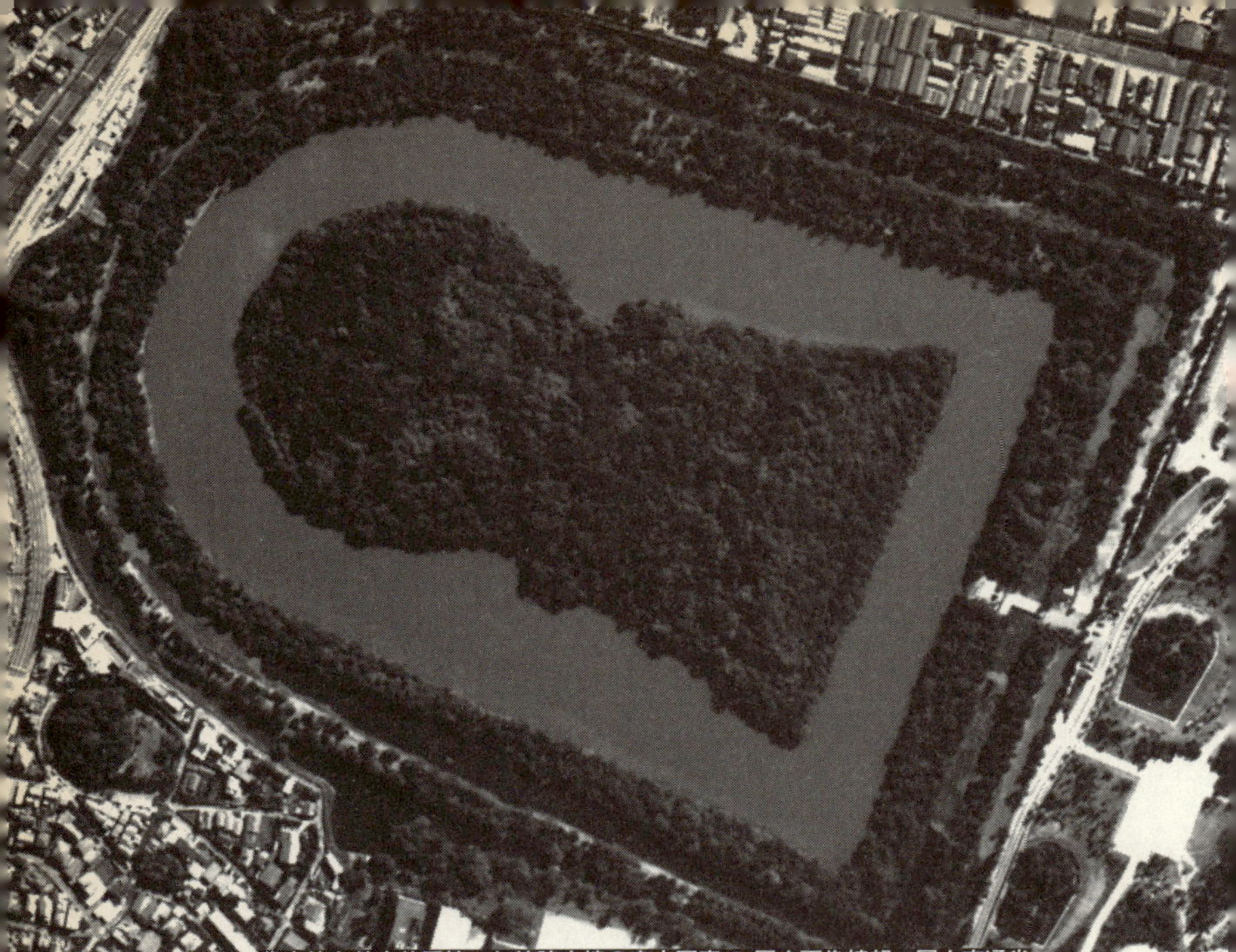

代表的な前方後円墳・仁徳陵古墳の空中写真 © 国土画像情報・国土交通省

前方後円墳と大和朝廷

急に統一国家ができたことには、朝鮮半島の情勢が関係している。

4世紀の朝鮮半島、中国北東部には、「白村江の戦い」の項でも登場した高句麗が、**巨大国家**として君臨していた。

291年に「八王の乱」が起きて中国が混乱すると、高句麗が中国直轄領の楽浪郡・帯方郡を駆逐して、**朝鮮半島の北半分**を掌中に収めてしまったのだ。

この動きに触発されて半島南部の国々も統一国家建設を急ぎ、4世紀中頃には「百済」と「新羅」が建国されている。

おそらく、日本列島でも**小国の統廃合**が進ん

だと考えられる。

また日本では3世紀後半以降、近畿中部から瀬戸内海沿岸にかけて大規模な古墳が造られるようになり、墓の形式も画一化していく。

このことも、同時期に広域に及ぶ政治連合・大和朝廷が成立したことを示している。

巨大古墳は、奈良盆地（大和地方）や河内に多く造られたことから、大和朝廷は近畿を基盤として、大王（天皇）を中心とした豪族の連合政権として発展したと考えられる。

大和朝廷と高句麗の激突

日本で実在が有力視されている最も古い天皇は**第10代の崇神天皇**であり、王朝を作ったのもおそらく彼だろうといわれている。

初代天皇は神武天皇だが、その業績は**崇神天皇のもの**だというのが定説である。2代から9代までの天皇は、『古事記』や『日本書紀』にも詳細が書かれておらず、「欠史八代」と呼ばれる。

前方後円墳の分布は、東北南部から九州南部にまで広がっていることから、大和朝廷の勢力範囲も東西に伸びていったと推測できる。

実は朝鮮半島南部にも前方後円墳が存在する。日本と韓国の歴史問題に発展しかねないことから、学校で教えられることはないが、日本の王の墓が半島南部にあるということは、**日本が何らかの影響力を行使していた**ことは間違いないだろう。

これは中国吉林省にある「広開土王碑」の碑文からも知ることができる。

高句麗の王・好太王の死から1年後、彼の子

好太王陵の近くに位置する好太王碑。高さ約6.3メートル・幅約1.5メートルの角柱状の石碑。古代の日朝関係史を語るうえで、欠かすことのできない貴重な一次史料である。

である長寿王は、彼の功績を称える目的で、碑を建立した。4つの面に1800余の文字が刻まれているのだが、そこに日本と高句麗が激突した様子が刻まれている。

「百済・新羅はもともと高句麗の属民であり、以前から高句麗に朝貢していた。しかし、倭国は391年から海を渡って**百済を破り、新羅を征服した**」

「399年、百済は先年の誓いを破って、倭と和通したため、広開土王は百済を討つために、平壌に向かう。その際、新羅の使者が『多くの倭人が新羅に侵入し、**王を倭の臣下とした**ので高句麗の救援をお願いしたい』と願い出たので、広開土王は救援することにした」

「400年、5万の大軍で新羅を救援し新羅の王都を占領していた倭軍を追い払うことに成功

した。さらに、倭軍を追撃し、任那・加羅に迫ったが、逆を突かれて新羅の王都を占領された」

「倭が帯方地方に侵入したため、これを**撃退して大敗させた**」

碑に刻まれたことを信用するならば、日本は新羅や百済には勝利したが、高句麗に退けられたということになる。

倭国統一の上表文

話を日本に戻そう。

『晋書』によると、南北朝時代に入っていた中国に、5人の天皇が朝貢していたという。

5人とは**「讃《さん》・珍《ちん》・済《せい》・興《こう》・武《ぶ》」**のことで、済は允恭《いんぎょう》天皇、興は安康《あんこう》天皇、武は雄略《ゆうりゃく》天皇だと特定されているが、讃と珍はさまざまな説があり判然としていない。

なぜこんなややこしいことが起こるかというと、日本では初代の神武天皇から45代の聖武天皇までは、中国風の**諡号《しごう》（貴人の死後に与えられる名前）がなかった**ためだ。

和風の諡号では、雄略天皇は「オオハツセノワカタケ」、允恭天皇は「ヲアサヅマワクゴノスクネ」という具合であった。46代の孝謙天皇の時代になって、臣下の淡海三船《おうみのみふね》がそれまでの天皇の名前を後付けで中国風にしたのである。

雄略天皇が倭国王となった、順帝の昇明2（478）年、宋に使者を派遣して上表文を捧呈。その上表文から、当時の**大和朝廷の支配範囲**を知ることができる。

「宋書」倭国伝によると「東は毛人を征すること55国、西は衆夷を服すること66国、渡りて海

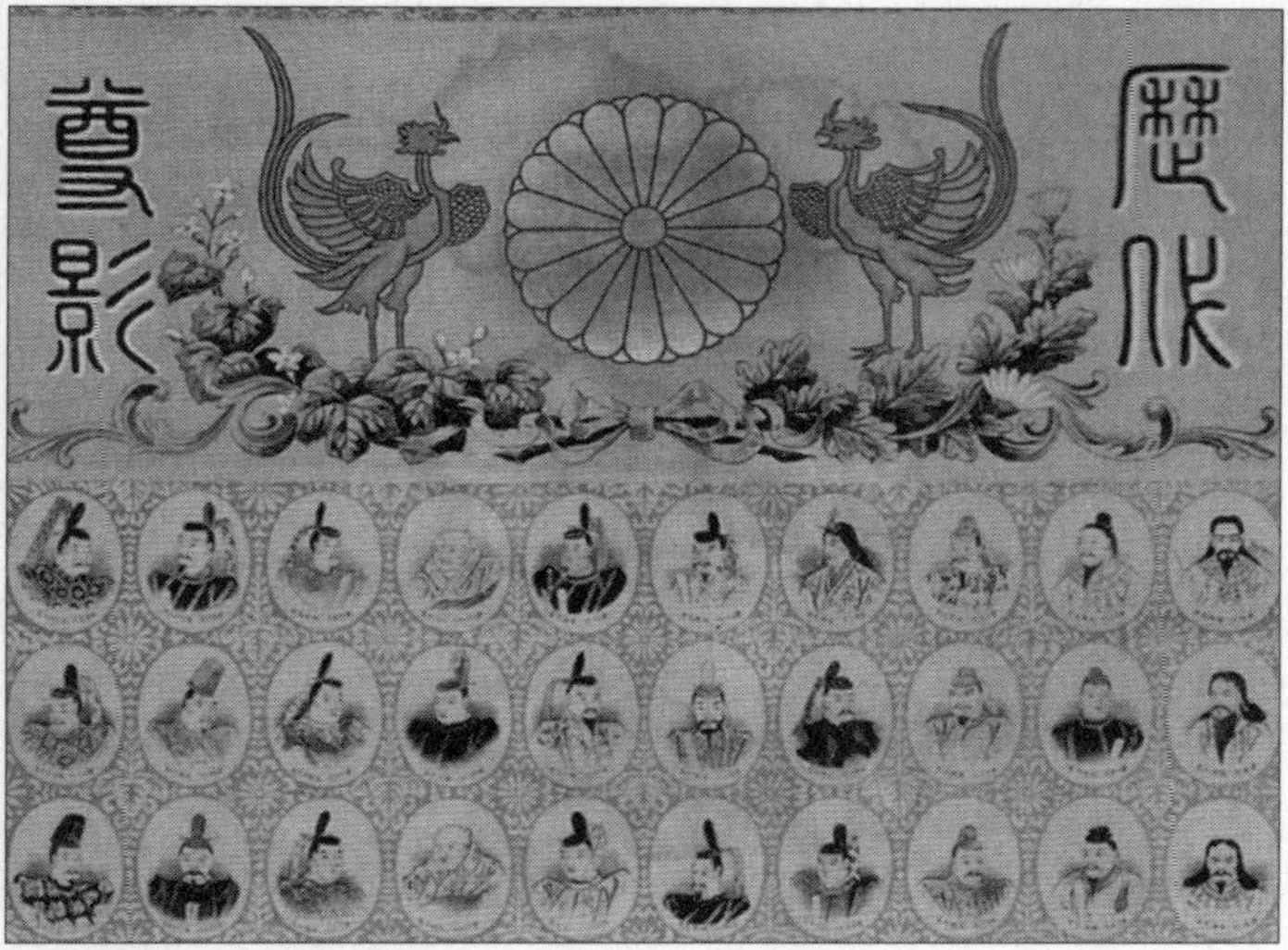

歴代天皇の肖像画「歴代尊影」の一部。後付けで諡号が贈られた天皇も多かったのだ

北を平ぐること95国」とある。

雄略天皇は東国の毛人の国々だけではなく、対馬海峡の先の朝鮮の国々にまで、大和朝廷の威光が届いていると自称していたのだ。

最後の遣使では、宋の皇帝に**「開府儀同三司《かいふぎどうさんし》」**などの称号を求めた。三司とは宋の大臣である大尉、司徒、司空に匹敵する役職で、周辺諸国では高句麗の長寿王など数人しか認められていなかった。その高句麗に対抗して求めたものであったが、結局認められなかった。

そして478年の遣使を最後に、日本は中国との交流を断つ。これは、日本が中国の冊封体制から抜け、独立国となったことを意味する。

ここからは、**実質的な最高権力の座**こそ移り変わるが、天皇を戴く独立国・日本としての歩みが現在まで続いていくことになる。

東北地方 阿弖流為の戦いと坂上田村麻呂

「蝦夷」とは?

現代に生きる私たちは「日本という国は**北海道から沖縄に至る領土**を持っている」と信じて疑わないが、ほんの10世紀前は東北も、北海道も、そして沖縄も我が国の領土ではなかったのである。

この3地方への侵攻と占領の様子は史料にもはっきり残っている。ここからは、歴史の授業では詳しく扱うことのない、**「日本はいかにして日本となったか」**について紹介したい。

まずは東北地方だ。

アメリカ合衆国のフロンティアといえば西部だったが、7世紀の大和朝廷にとってのフロンティアは、東北であった。

大和朝廷は、自分たちの支配に組み込まれていない東北地方の人々を、差別意識を込めて**「蝦《え》夷《みし》」**と呼んでいた。

蝦夷の「蝦」は髭が多く毛深いこと、「夷」は山に住む虫や鳥を表している。とはいえその実体は**我々と同じ日本人**であり、人種が違うわけではない。

彼らに服属を迫るようになったのは、「白村江の戦い」の戦端を開いた〝攻撃的女帝〟斉明天皇の頃だ。

朝廷の軍と戦う蝦夷の兵たち。異邦人としてデフォルメされている（「清水寺縁起絵巻」）

配下の阿倍比羅夫をして**3度にわたる北征**を行ったのである。

北征というと全面戦争によって領土を拡大したかのような印象があるが、実際に戦闘になることはほとんどなかったため、北方との交易のための航路開拓といった方が正しい。

1度目には、朝廷に従わない蝦夷を征伐し、2度目は宴を催して従えた蝦夷たちの結束を図り、3度目には「粛慎《あしはせ》」と呼ばれた正体不明の外敵を、蝦夷の要請を受けて撃退している。

これをもって彼は蝦夷征伐の役目を終え、翌年からは水軍を率いて**百済救済**のために朝鮮半島に渡ることになる。

この時期までの蝦夷は比羅夫という優れた将軍のおかげで、完全に大和朝廷に**懐柔されていた**のであった。

蝦夷領内で金を発見

情勢が変わってきたのは、「白村江の戦い」に敗れた大和朝廷が、外敵に対抗するために**中央集権化**を進めるようになってからだ。

ナショナリズムが高まったことによって、蝦夷が暮らしている東北地方にも城柵を設け、支配下に組み込もうとする動きが出てきたのだ。

まず常陸（茨城県）から分断する形で、宮城県南部と福島県全域という広大な面積を持つ**「陸奥国」**を成立させた。同国の範囲は朝廷が蝦夷の地域を支配する度に広くなっていく。

次に724（養老8）年、蝦夷との国境線に多賀城を建設。大軍が常駐していたが、この時点では戦争で支配地を拡大しようというわけではなく、自衛が主な目的だった。

ところが749（天平21）年に多賀城近郊の涌谷《わくや》で**金が発見される**と、にわかに大和人たちの眼の色が変わる。

当時の朝廷は、聖武天皇の発案で東大寺の大仏を造営していたため、**大量の金**を必要としており、発見はまさに渡りに船。当時の朝廷のトップであった恵美押勝《えみのおしかつ》は金の利権を得ようと息子を陸奥守《むつのかみ》に任命、多賀城に派遣した。

彼は760（天平宝字4）年には桃生城《もものうじょう》、その7年後には伊治城《いじじょう》を完成させ**支配地域を拡大**していく。最終的な標的は北上川中上流の北上盆地一帯であった。一方、出羽国でも秋田城と雄勝城《おかちのき》が築かれる。

この動きは当然蝦夷を刺激し、10年後、いったんは朝廷に帰順していた陸奥国の蝦夷首長が

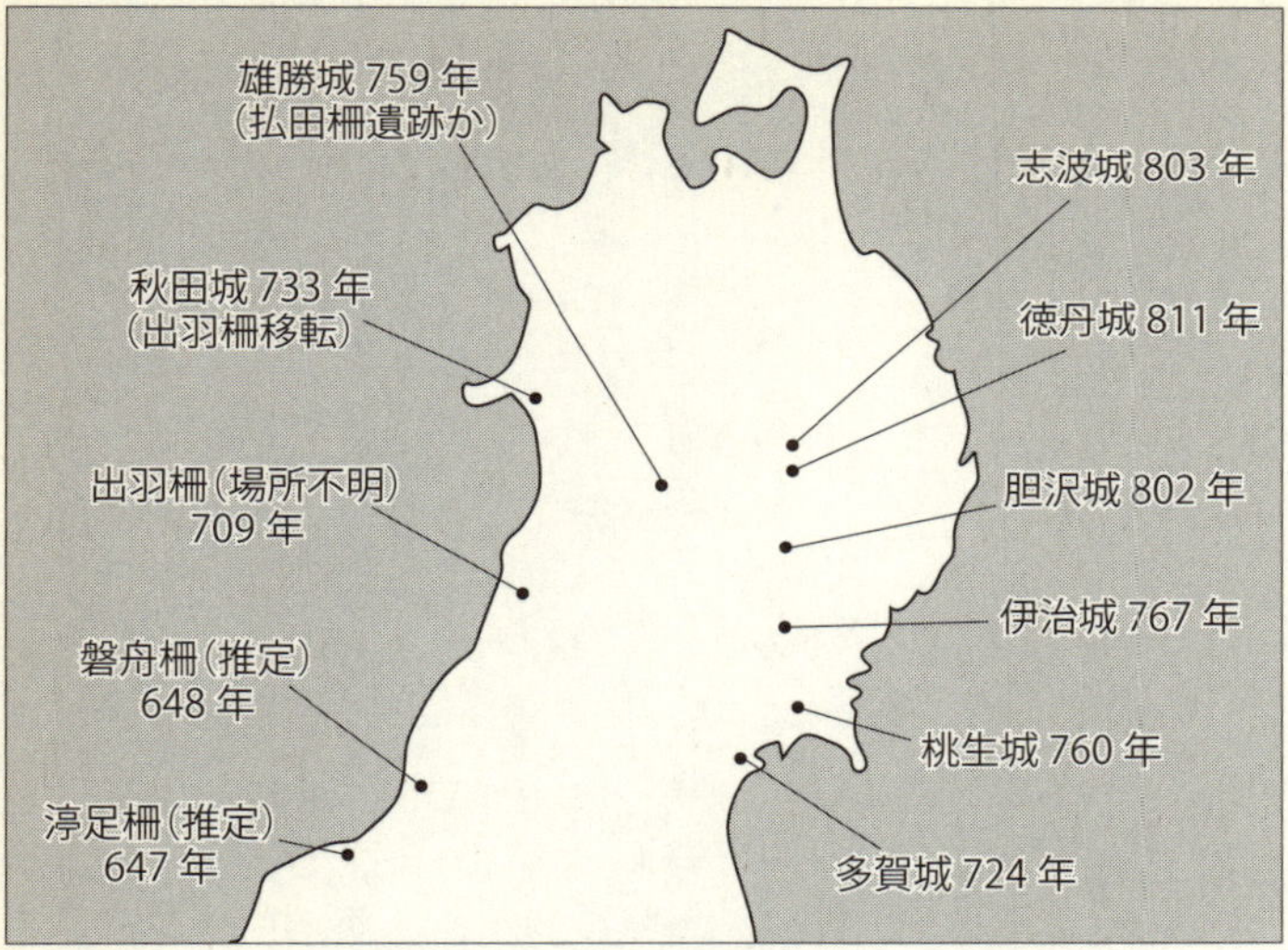

東北に築かれていった朝廷の砦の分布。多賀城を皮切りとして北上が進んでいる

反乱を起こす。これは伊治呰麻呂《これはりのあざまろ》という蝦夷出身の豪族の協力があり、なんとか収束に向かう。

ところが、その呰麻呂が、蝦夷出身者として朝廷で軽んじられることを不服として、陸奥守の**紀広純《きのひろずみ》を殺害**、伊治城、多賀城を襲って焼きつくしてしまう。

これが契機となって、それまでは政府に協力してきた蝦夷の首長のほとんどが、朝廷に反旗を翻すことになった。**反乱の火**をつけた呰麻呂は行方をくらまし、消息を絶った。

時の帝、桓武天皇は「平安京への遷都」と**「蝦夷対策」**を、自身の二大政策と位置づけていた。蝦夷の蜂起を見逃すはずもなく、強硬な方針で反乱の鎮圧に乗り出すのであった。

こうして朝廷と蝦夷の共存の時代は終わりを迎え、**全面戦争**に入っていく。

英雄　阿弖流為の登場

789（延暦8）年、反乱軍の根拠地・胆沢《いさわ》を叩くために、紀古佐美《きのこさみ》を征東大将軍とする**5万2800人余の政府軍**が組織され、3月上旬には衣川《ころもがわ》まで兵を進めた。彼らは全軍を前・中・後軍に分けて布陣する。

対する蝦夷側の軍事指導者は胆沢の長、**阿弖《あて》流為《るい》**と副官の**母礼《もれ》**。阿弖流為が軍を率いるまでの経緯は定かではないが、多様な蝦夷を束ねていたことから、強力なカリスマであったという。

政府軍の前軍は北上川の左岸から、中・後軍は右岸から進軍。このうち中・後軍は川と北上山地の間の狭路を進んだ。

中・後軍が巣伏村《すぶせむら》に入った時、800人ほどの蝦夷軍が前方から現れ、さらに400人余りの蝦夷兵が退路を遮断してしまった。混乱状態に陥った政府軍は北上川に飛び込んで溺死する者が続出し**2600人もの兵が犠牲**となった。

阿弖流為の大勝利に終わったこの戦いを**「巣伏の戦い」**という。

翌年、同じ失敗を二度繰り返すわけにはいかない朝廷は、征東使を征夷使と改め、これに大《おお》伴弟麻呂《とものおとまろ》を任じ、副使に武勇の誉れ高い**坂上田村麻呂《さかのうえのたむらまろ》**を付けた。

遠征軍は田村麻呂が中心となって指揮し、阿弖流為相手に優位に戦いを進めたとされるが、決着は付かなかったようだ。

797（延暦16）年、事態を打開すべく田村麻呂は**10万という大軍**で胆沢に向かい、ついに蝦夷を退ける。802（延暦21）年には、ここ

名将・坂上田村麻呂。宿敵・阿弖流為との奇妙な関係は、２人の仲を記した史料が存在しないこともあり、多くの創作物の題材になってきた（「前賢故実」）

に胆沢城を築城し始めた。

同年４月には、造営中の胆沢城に宿敵・阿弖流為と副官・母礼が５００人の蝦夷を率いてやって来た。田村麻呂を信用して**降伏した**のだ。

田村麻呂は２人を従えて上京し、朝廷に対し釈放を願い出たが、空しく却下。阿弖流為と母礼は河内国杜山《かわちのくにもりやま》で**処刑されてしまった**。

朝廷側の人間であるはずの田村麻呂が、なぜ蝦夷反乱軍の指導者の助命を願い出たのか、詳しいことは分かっていない。

しかし、平安京の造営で財政が逼迫していた朝廷は、阿弖流為の13年間に及ぶ抵抗によって、東征を諦めざるを得なくな。

直接支配が困難だと悟った朝廷は結局、従来のやり方である蝦夷の族長を俘囚長《ふしゅうちょう》に選び、部族内統制をさせる**間接統治**に戻したのだった。

北海道 長きにわたるアイヌ人たちの戦い

「日本」じゃなかった北海道

日本人には、北海道が**「侵略で乗っ取った」**土地であるという認識は、まったくと言っていいほどない。

しかし、ここは元来**アイヌ人たちの土地**であり、日本人が長い年月をかけて侵略し、領土としたのである。その過程においては、筆舌に尽くしがたい残酷な行為があったことも事実だ。

彼らは抵抗したが、時には力でねじ伏せられ、時には計略によって騙し討ちに遭い、その試みは潰えてきたのだ。

アメリカもフロンティア開拓という名の侵略行為で先住民を追い詰めたが、現在は**専用の居住区がある**など優遇されている。だが、日本には観光地としてのアイヌ居住区はあれど、彼らが何らかの補助を受ける制度はない。

それどころか、つい最近までは先住民とさえ認めてもらえなかったのだ。

ここでは日本人が蓋をしてきた北海道侵攻の実態について見ていこう。

古くから、日本人にとって北海道（蝦夷《えぞ》）は**未開の地ではなかった**。江別市からは、奈良時代のものと見られる和同開珎《わどうかいちん》が発見されている。

定住する日本人が現れ始めたのは鎌倉時代と

アイヌのために戦った英雄・シャクシャインの銅像（提供：アフロ）

いわれる。戦乱や凶作から逃れるために、北海道の南部に渡ったのだ。

アイヌの抵抗と武田信広

大規模な進出が見られるようになったのは室町時代だ。当時、アイヌ民族との交易を統括していたのは津軽十三湊の安東氏。彼らは１４３２（永享４）年、南部氏に攻められ、一族郎党を引き連れて**北海道に移住した**豪族である。

安東氏は当然、北海道で経済基盤を確立しなければならない。ところが、ここでは日本人には欠かせない米が採れない。

本州から輸入するためには、輸出品として鮭、昆布、獣皮が必要であり、それらは**アイヌ人との交易**で手に入れるほかない。

安東氏より先に北海道に渡った日本人の中には、アイヌとの交易の拠点として館を築き、**館主**になった者がいた。

こうした館は箱館から江差《えさし》にかけて、12個も分布していた。安東氏は配下の武将を12の館に配置して、館主と主従関係を結んだ。

さらに12の地域を3つに分け、館主と安東氏の間に守護を置く。こうして安東氏、守護、館主の序列を作った。

支配が強化されるにつれ、交易の主導権はアイヌから館主に移り、日本人は**次第に横暴**になっていく。

そんな中、1456（康正2）年、志濃里《しのり》の鍛冶村で日本人鍛冶職人とアイヌ少年との間で小刀（マキリ）の出来を巡って口論が起き、**少年が刺殺される**という事件が起きる。

これをきっかけにアイヌ人たちの不満が爆発し、**コシャマイン**という指導者を中心として団結、一斉に蜂起したのである。

事件があった志濃里に集結すると、館を破壊しながら進撃を続け、12ある館のうち10を落とし、安東氏に服属していた蠣崎季繁《かきざきすえしげ》の花沢館に迫った。この戦は北海道の歴史を大きく変えることになる。

蠣崎家が北海道を掌握

当時、蠣崎家には**武田信広**という婿養子がいた。若狭《わかさ》源氏の血を引く由緒正しい生まれで、本土での権力争いから逃れて北海道に渡っていた。この人物は**将たる力量**を持っており、コシャマインの軍が迫る中、日本人をまとめあげ、

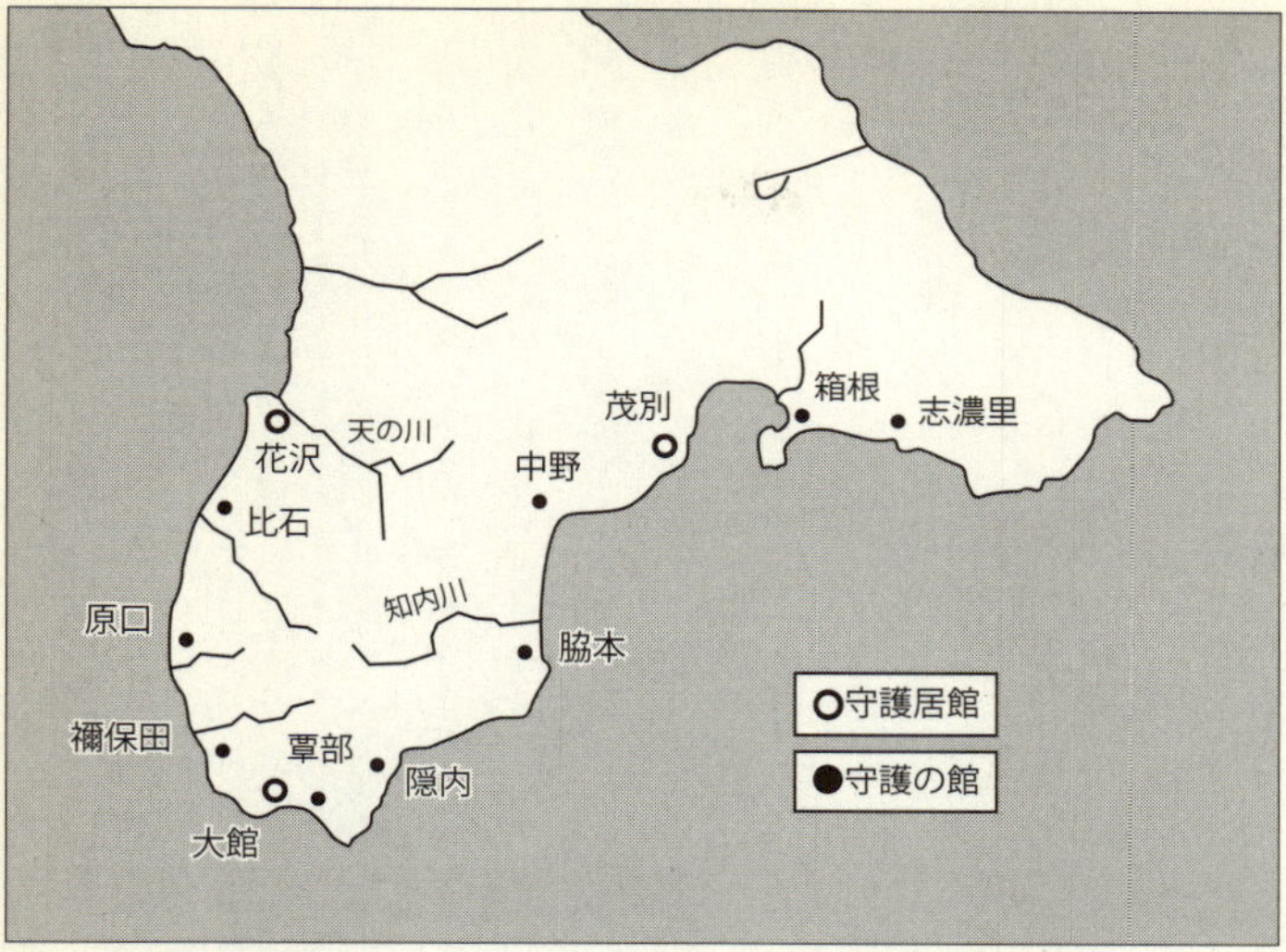

守護の館の分布。コシャマインの戦いでは12ある館のうち10が陥落した

アイヌ軍を撃退した。自らも弓をとって**コシャマインを射殺**する活躍を見せた。

この活躍で、信広の存在感は北海道日本人社会において絶大なものとなり、**蠣崎家がにわかに台頭する**ことになる。

コシャマインの抵抗以降、北海道南部の実力者たちは蠣崎家を除いて没落し、以降日本人をまとめた蠣崎家は1551（天文20）年、当主が季広《すえひろ》のころ、ようやくアイヌと講和する。

やがて蠣崎氏の主家であった安東氏も衰退し、蠣崎氏が実質的に北海道を領する大名として活動し始める。本土で豊臣家が滅び、徳川幕府が誕生すると、すぐさま駆けつけて蝦夷地の地図と家譜を献上した。

そして姓を「松前」に改め、ここに幕府に北海道統治を任された**「松前藩」**が誕生する。

シャクシャインの戦い

交易独占権が与えられた松前氏は、当初は干鮭100本を2斗入りの俵1俵としてきた交易の比率を厳しくするなど、**アイヌへの締め付け**を強化した。

松前藩への不満が高まるのと同時に、限られた資源を巡ってアイヌ同士もいがみ合うようになる。シベチャリ（静内町）とハエ（門別町）のアイヌが漁猟場を巡って争い始めたのだ。

シベチャリ側には、強力なリーダーシップを備えたアイヌが現れる。

英雄として名高い**シャクシャイン**である。

ハエ側の要人を松前藩が毒殺したとの噂が広まると、彼は東西アイヌに**松前藩襲撃の檄**を飛ばした。すると全道アイヌが一斉に蜂起し、2000人ものアイヌがシャクシャインに従った。

襲撃された船は19隻、殺された日本人は273人にものぼった。松前藩は本土の弘前藩、盛岡藩、秋田藩、仙台藩に鉄砲と弾薬の援助を要請し、ようやく反撃に移ることができた。

松前藩が鉄砲で攻撃すると、アイヌは**毒矢**で対抗した。アイヌの砦付近では山中に隠れて毒矢で襲撃されたため、攻略は難航した。力攻めを諦めた松前藩は、恐ろしい計略を実行に移す。

シャクシャインに和睦を持ちかけ、酒宴にやってきたシャクシャインを、よってたかって殺害したのである。

強力な指導者を失ったアイヌからは投降者が続出し、反乱は収束していった。

1799（寛政11）年、幕府は、それまでは

現代で再興された「チプサンケ」という儀式。一度は失われた文化だ（提供：朝日新聞社）

松前藩の統治に任されていた東蝦夷地を直轄地とし、アイヌ人に対する同化政策を開始した。

というのも、ちょうど欧米列強の一角・ロシアが、北からたびたび来航するようになったのである。日本に急いで組み入れなければ、**安全保障上の危険**を招く恐れがあった。

幕府は蝦夷地支配を急ぎ、1807（文化4）年には蝦夷地すべてを直轄地として松前奉行の支配下に置いた。アイヌの人々は強制的に日本人になるよう強いられ、習俗も奪われていく。

明治維新で政権が変わると、明治政府は開拓使を設置し、8月15日に**「北海道」**と改称した。

さらに、1872（明治5）年、「北海道土地売貸規約」および「地所規則」の導入によりアイヌの土地は本土の人たちに奪われていったのだった。

日本の一番ワケありな領土 沖縄

本当に日本語？

日本には各地方に方言があるが、聞き取れずとも、何となく言っていることの一部は理解できるものだ。

しかし沖縄県となると話は別だ。これは沖縄が、かつて琉球王国として**独自の琉球語**を持っていたことによる。琉球語は**「日本の方言である」**か**「まったく別の言語である」**か、未だに議論が続いているほどだ。

昨今、米軍基地移転問題をめぐり、日本政府の対応に沖縄県民は不信感を募らせている。混乱に乗じて、中国人が「沖縄は中国の領土である」と言ってみたり、県内で**「独立についての研究」**が行われるなど、アイデンティティについての議論が活発化している。

こうした動きの背景を理解するためには、まったく別の国だった琉球王国が「沖縄県」となった歴史を知らなければならない。

琉球に本格的な政権ができたのは12世紀以降。各地で政治的支配者である按司《あんじ》が誕生し、**グスク（城）**を築いて土地と人民を支配した。

はじめ、200～300くらいのグスクが乱立し按司たちは抗争を繰り返していたが、14世紀には3つの勢力に収まっていく。

琉球王朝の王城で沖縄県内最大規模の城（グスク）、首里城

すなわち、今帰仁《なきじん》城を居城とする山北、浦添《うらそえ》城（後に首里《しゅり》城）を居城とする中山、島尻大里《しまじりおおざと》城を居城とする山南の三大政治勢力である。

しかし、この**「三山体制」**は佐敷《さしき》城から台頭した尚巴志《しょうはし》によって破られ、1429（正長2）年までに三山勢力をすべて平らげ、**琉球王国**を成立させたのであった。

全盛期の尚氏王朝は、遠く喜界島や奄美大島までも支配下に入れており、7代目尚徳《しょうとく》のころになると那覇港を修築したこともあって、**東アジア諸国との交易ルート**が確保されていった。

国際的な中継貿易の拠点となった琉球には莫大な利益がもたらされたが、40年後には家臣の内間金丸《うちまかなまる》がクーデターを起こし、尚円《しょうえん》王として琉球王国を支配するようになった。

2代目の尚真《しょうしん》王の頃には、北は奄美大島、南

は与那国島まですべての地域を支配下に収め、琉球地域の覇権を確立したのだ。

秀吉からの服属要求

日本の戦国時代が終焉を迎えると、豊臣秀吉が琉球王国の**属国化**を狙うようになる。従えたばかりの薩摩（鹿児島県）の島津義久をして１５８８（天正16）年8月、琉球国王の尚永《しょうえい》に秀吉の関白就任の慶賀使派遣を求めた。

秀吉に敵対しても勝ち目がないと見た琉球王国は慶賀使を派遣し、義久の案内で京都の聚楽第において秀吉に謁見させた。

厄介なことに、朝鮮の時と同様、秀吉はこれを**服属の使節**と見なしたのだった。

警戒感を強める琉球王国は、秀吉に攻められた朝鮮に**明が援軍を出した**ことを知り、豊臣政権との距離を置くことを決定。

朝鮮のように、属国である琉球を明が救済してくれることを期待したのだ。

しかし、陸続きで国境を接している朝鮮と、**はるか海の向こうの琉球**とでは事情が違った。朝鮮への援軍に莫大な戦費がかかったこと、北方異民族の侵入が深刻だったことから、明が琉球保護に動くことはなかった。

薩摩藩の侵攻

こうして本土との緊張感を保ったまま時は流れ、中央では豊臣政権が倒れて江戸幕府が成立していた。１６０２（慶長7）年、琉球の船が東北の大名、伊達政宗の領内に漂着する。

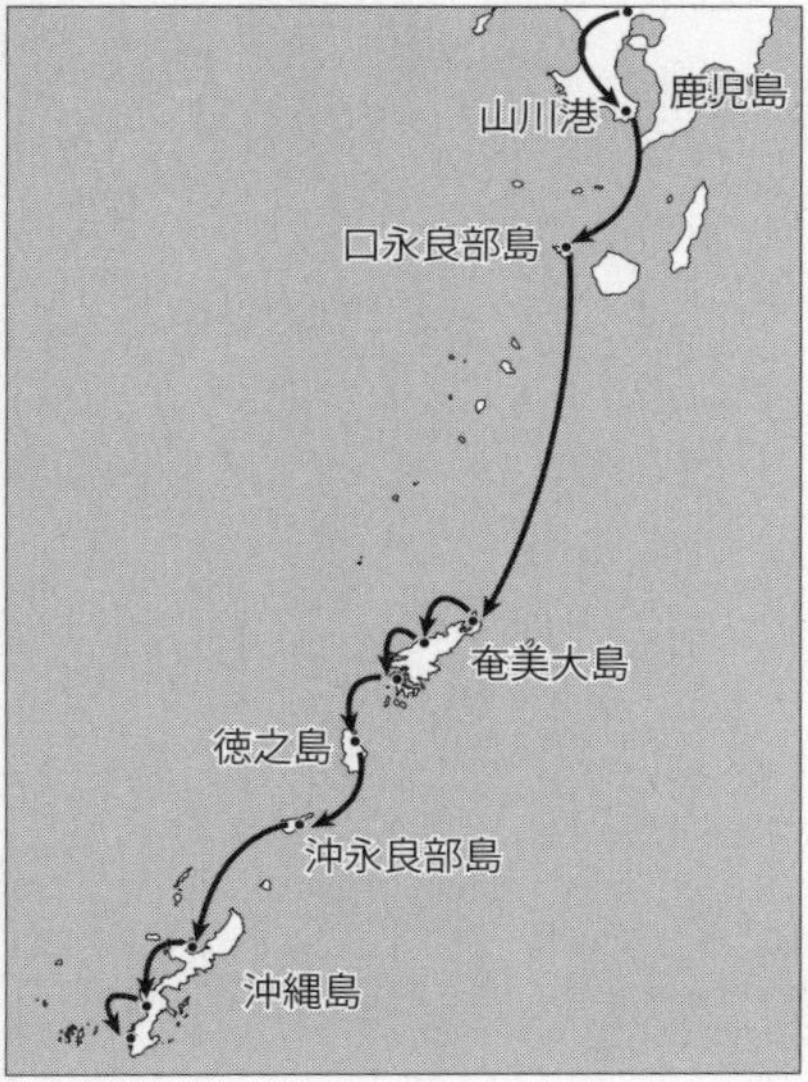

薩摩藩の琉球征伐の侵攻図。琉球王国は「戦国最強」の呼び声高い薩摩藩の前に為す術なく蹂躙された。

家康は、これを丁重に扱うことによって、琉球王国に、朝鮮出兵で断絶した明・朝鮮との国交回復交渉の仲介役を務めてくれることを期待した。

ところが琉球は態度を硬化させたままで、一切の返礼をしなかったのである。琉球王国に領土的野心を持つ島津氏は、すかさず非礼を口実に**琉球征伐**を願い出て、これを許可される。

１６０９（慶長14）年３月３日、薩摩軍は山川港を出発し、総勢３０００名、１００隻余りで琉球へ向かったのである。

奄美大島、徳之島、沖永良部島などを次々に攻略した島津軍は、３月25日には沖縄北部の運天港に到着。琉球軍は中国式の大砲を備えていたが、相手は**日本最強**と言われた島津軍。勝敗は明らかだった。

27日に今帰仁城を落とされた琉球は、和議を請うことにした。

4月5日、国王・尚寧《しょうねい》は首里城を出て和議を申し入れ、戦は終わった。尚寧以下王府の重臣たちは薩摩の島津氏のもとに連行されていった。

薩摩藩は奄美諸島を割譲し**直轄地**としたが、明との進貢貿易の利益を考えて、琉球王国の形は残して貿易は続けさせたのだった。

そして日本領へ

それから250年あまり、琉球王国は長い平和を謳歌していたが、奇しくもそれは**薩摩藩によって**破られた。彼らを中心とした倒幕派が江戸幕府を打倒し、新政府を成立させたのだ。

新政府は天皇を中心とした中央集権国家の建設を目指し、1871（明治4）年に**廃藩置県**を強行。琉球は鹿児島県の管轄下に置かれた。

明治政府は暫定的に**琉球藩**を設置し、琉球国王の尚泰《しょうたい》を藩王とした。尚泰はこれに強く反発し、当時の中国の王朝、清に朝貢を続ける。政府は帰属問題をはっきりさせようと、松田道之を派遣し、琉球王国に**「達」**を申し渡した。「達」には「中国への進貢の禁止」「中国からの冊封の受け入れ差し止め」「福州琉球館の廃止」などが盛り込まれていた。

これに対し、琉球は清へ密使を送り、日本政府からの「達」を伝えたため、皇帝は初代駐日大使の何如璋《かじょしょう》を交渉役として日本へ派遣した。

1878（明治11）年、何如璋は外務省を訪れ、寺島宗則外務卿と会談。彼は日本政府の措置を厳しく抗議し、琉球は**両国に属している**こ

1972（昭和47）年に建立された「沖縄県庁碑」。実は沖縄県庁が誕生するのは、本文にある明治時代に続き2度目。日本が「太平洋戦争」に敗北すると、アメリカは一時的に琉球に臨時政府を設立し、それは1972年まで存続していたのである（提供：共同通信社）

とを主張して、進貢と冊封を復活させることを主張。それに対し寺島は**「これは日本の内政問題」**であると突っぱねた。

しかし琉球王府はといえば、これまで通り日本にも中国にも属している状態を継続したいとして、頑なに「達」を拒否した。

そこで1879（明治12）年3月27日、松田処分官は軍隊と警察官を引き連れて首里城に乗り込み、強制執行に及んだ。4月4日には琉球藩が廃され**「沖縄県」**が誕生し、450年におよぶ琉球王国はここに滅亡したのだった。

このように、沖縄が日本として扱われるようになったのはつい最近であり、なりゆき次第では、今も独立した国家だったかもしれない。「沖縄問題」は背景にある、こうした歴史を踏まえたうえで語らなければならないだろう。

第4章 ペリーの来航と近代国家への道

黒船来航 西欧列強の脅威と攘夷論

新たなる外敵

これまで見てきた日本の外敵は、多くが**大陸から渡ってきた者たち**だったが、その顔ぶれが変わるのが、近代以降だ。

言うまでもなく、戦争は関係国の利害が衝突することで起きるが、江戸時代の日本の場合は、幕府が**鎖国政策**を敷いていたため、その利害の外で安穏とした日々を過ごしていた。

しかし近代に入って、欧米列強がアジアで植民地獲得競争を始めると、日本もそれに否応なく巻き込まれていくことになる。中国の清は**アヘン戦争**で欧米に屈し、インドでもイギリスによる支配が進んでいた。

日本がこうした目に遭わずに済んでいたのは、欧米から一番遠い国だったからだと言われる。それでも**黒船の来航**で、歴史は大きく動き出すことになる。

本章では日本が新たなる外敵によって「太平の眠り」から覚めていく様子を紹介したい。

アメリカ以前

「開国を求めた人」といえばマシュー・ペリーが最初だと思われがちだが、実は江戸幕府が鎖

ペリー来航に大慌てとなる江戸湾の様子（「米船渡来旧諸藩士固之図」）

国をして以降、**何人もの外国人**が通商を求めて来航している。

ロシアからは、日本人漂流民の大黒屋光太夫らを伴って根室沖にやってきたアダム・ラクスマン、その12年後の１８０４（享和４）年9月に使節として来航したニコライ・レザノフなどだ。

当時、照明や機械の潤滑油として鯨の油を必要としていた**イギリス**も、鯨を追いかけて太平洋にやってきた。

水・食糧・燃料の不足に悩まされた捕鯨船がたびたび日本に上陸し、時に手厚くもてなされ、時にあしらわれて**地元住民と衝突**した。

幕府の鎖国政策の象徴ともいえる「異国船打払令」は、イギリス人が起こしたトラブルがきっかけで制定されたものだ。

アメリカからの来航

とはいえ、近世で止まっていた日本の時計の針を、一気に近代に進めたのは、やはり1853（嘉永6）年に4隻の軍艦を引き連れてきたアメリカの**マシュー・ペリー**だった。

彼が乗るサスケハナ号は2450トン。当時の海軍大国・イギリスの軍艦の2倍の大きさである。日本最大規模の千石船が100トンだったから、幕府は度肝を抜かれたことだろう。

当時、アメリカ保有の捕鯨船661隻中、250隻が日本近海で操業していた。ペリーはそれらの補給拠点を得るためにも、**手ぶらで帰るわけにはいかなかった**。

7月8日17時、サトラガ、サスケハナ、ミシシッピ、プリマスの4隻は縦一列に並んで浦賀に入港。浦賀奉行所の役人が対応すると、副官コンティが**「ミラード・フィルモア大統領の国書を渡し、和親を結びたい」**と伝えてきた。

幕府は「長崎への回航」を提案するものの「受け取らないなら江戸まで届けに行くまで」と突っぱねられる。時の老中、阿部正弘は迷った末に受領を決意し、14日に久里浜にて国書を受け取り、**1年の猶予**をもらって引き取らせた。

老中の阿部正弘は国家の一大事ということもあり、朝廷、諸大名らに広く意見を求めた。

といっても、ほとんどが開国に反対で、賛成は中津藩の奥平昌服《おくだいらまさもと》と、郡山藩の青山幸哉《あおやまゆきしげ》のみだったという。

何も有効な対抗策を打ち出せないまま1年の猶予が過ぎ、7隻に増えたペリー艦隊が伊豆沖

黒船船団の一角、フリゲート艦ミシシッピ号（中央）

に現れた。まず交渉する場所から議論となり、アメリカ側に譲歩する形で横浜村に決まった。

3月21日、大学頭《だいがくのかみ》の林復斎《はやしふくさい》とペリーとの間で交渉が行われた結果、12ヶ条からなる**「日米和親条約」**が結ばれたのである。これで下田と箱館を開港し、アメリカ船へ薪・水・食料を供給することが決まった。

やがて帰国したペリーに代わって、駐日総領事、**タウンゼント・ハリス**が来航。「通商の自由・通貨交換比率の取り決め」を要求し、翌年5月26日には「下田条約」を締結する。

10月21日にはついに江戸城に登城し、将軍に**米大統領フランクリン・ピアースの親書**を提出することに成功。

ここからは幕府全権の井上清直（下田奉行）、岩瀬《いわせ》忠震《ただなり》（目付）とハリスとの間で通商条約である「日米修好通商条約」の交渉が開始されることとなる。

阿部正弘の死後、大老になっていた井伊《いい》直弼《なおすけ》は、朝廷の勅許を得てから条約を結びたいと考えていたが、井上、岩瀬の両名は神奈川沖のポーハタン号で独断でハリスと**「日米修好通商条約及び貿易協定」**に調印。

これが先例となり、欧米列強は次々と通商を求め、ロシア、イギリス、フランス、オランダ、プロシアといった国々と次々に条約を結んだ。

「尊皇攘夷」とは？

さて、こうした外敵の襲来と、幕府の独断専行での条約締結に、猛烈と反発する勢力が現れる。各藩の**「尊皇攘夷」**の志士たちである。

後述する「薩英戦争」、「下関戦争」の背景にも、この思想がある。ところでこの思想、どのようにして発生した考え方なのだろうか？

これを理解するには**「尊王」**と**「攘夷」**を分かつ必要がある。

江戸時代、国史や国学の発達に伴い「天皇の権威を復活させ崇敬の念を広めよう」という思想が生まれた。これは君臣の関係を重んじる儒学とも結びつき「尊王」という考え方に発展した。

一方の「攘夷」は、中国の**「中華思想」**に影響を受けている。自国を中心として他民族を**「夷」**と決め込む考えだ。

日本の対外戦争でも、東北の蝦夷やモンゴル襲来、朝鮮出兵などはこの思想が根底にある。

江戸時代の鎖国状態で影を潜めていたのだ

日本を開国に導いた准将マシュー・ペリー（左）と初代駐日総領事タウンゼント・ハリス（右）

が、西欧列強が世界中で植民地の獲得競争を始めるにあたって、再び高まりを見せたのだ。

幕府は列強と条約を結ぶにあたり、天皇の勅許を得なかった。これは**尊王派の人々を激怒させた**うえ、条約を結ぶ相手は「攘うべき夷たち」ということで攘夷派との対立も決定的となった。こうして**「王を尊び、夷を攘う」**すなわち「尊皇攘夷」運動が日本中に起こり、彼らは政策的に大きく対立する幕府を打倒する方向へと動き出すのである。

中でも**薩摩藩と長州藩**は、その中心的な存在だった。特に長州藩はもともと反・幕府の風土が強いところだったし、オピニオンリーダー・**吉田松陰とその弟子たち**の存在も大きかった。この２藩は運動の勢いそのままに、列強と直接刃を交えるに至るのである。

世界最強国に歯向かった薩摩藩

世界最強国 対 薩摩藩

1863（文久3）年当時のイギリスは、**「世界最強国」**の一角であった。

実に7つの海を支配し、カナダ、オーストラリア、インド、アフリカ諸国などを植民地にし「日の沈まない国」と称されていた。

命知らずにも「尊王攘夷」の一環として、そこに戦いを挑んだ藩があった。薩摩藩である。

朝鮮出兵にしろ、琉球征伐にしろ、この藩はよくよく**外敵に縁がある**らしい。日本の歴史を変えることになる一戦を振り返ろう。

前述した1858（安政5）年の「日米修好通商条約」を皮切りに、幕府は欧米各国との通商条約を結んでいく。その結果、日本に**各国の公使館**が開設されることになった。

いよいよ開国が始まったのである。翌年に横浜が開港すると、外国人が大挙してやってきたのだが、同時に起こったのが、**攘夷の嵐**である。

同年にロシア海軍士官ロマン・モフェトら水兵2名が横浜で殺傷されたのをはじめ、翌年にはオランダ商船長ヴェッセル・デ＝フォスらが横浜で斬殺、フランス公使館旗番ナタールが襲撃され負傷、アメリカ通弁官ヘンリー・ヒュースケンが暗殺されるなど、激化の一途をたどる。

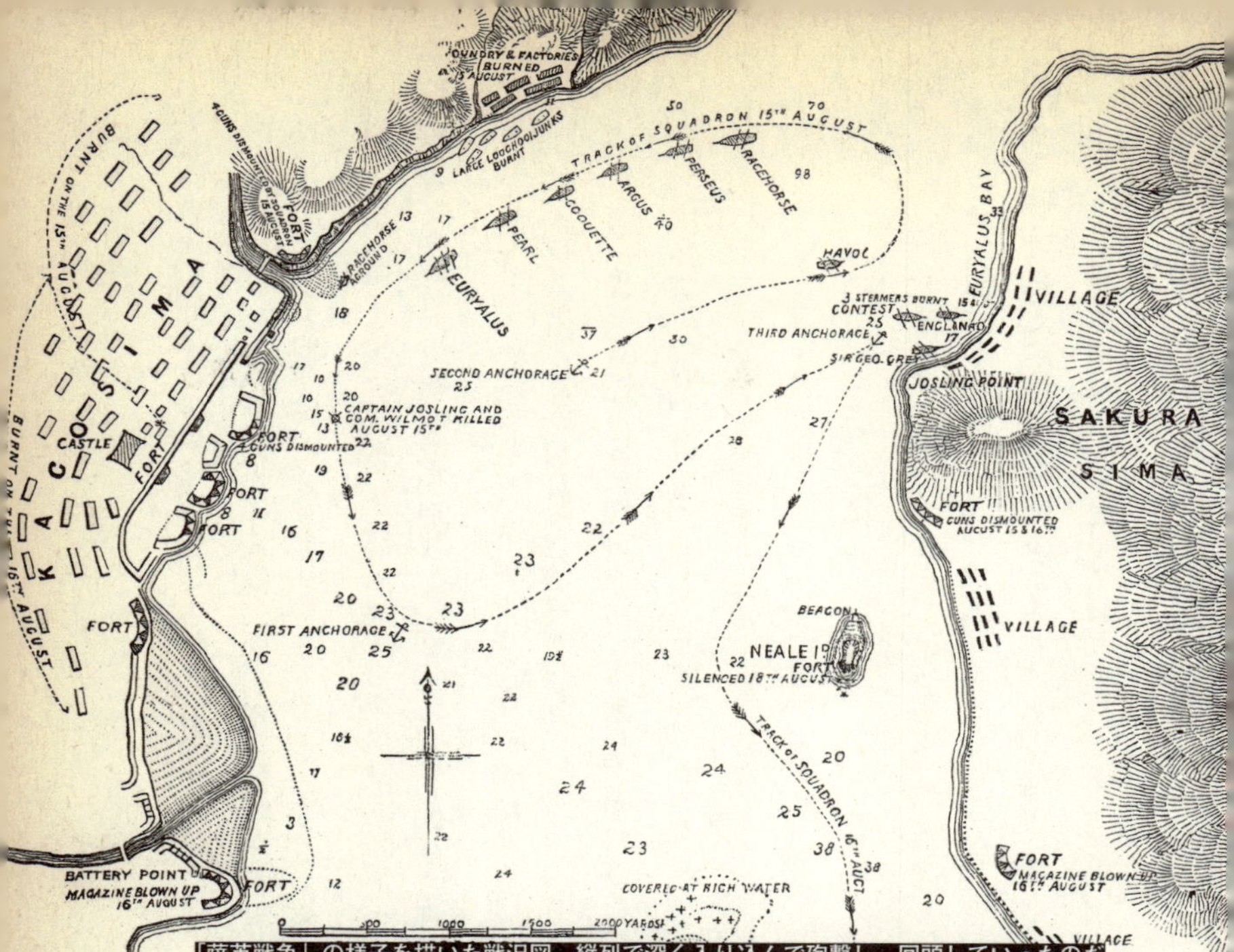

「薩英戦争」の様子を描いた戦況図。縦列で深く入り込んで砲撃し、回頭していったのだ

イギリスの仮公使館は高輪の東禅寺に置かれていたのだが、水戸藩を脱藩した攘夷派浪士14名が、これを襲撃。

警備を担当していた西尾藩士や郡山藩士が応戦したため、駐日総領事ラザフォード・オールコックは難を逃れたが、書記官オリファントと長崎駐在領事のモリソンが負傷してしまう。

ここまでは、**外交官や兵士**が犠牲になっていたが、後に起こる大事件がイギリスを激怒させ「薩英戦争」にまで発展することになる。

生麦事件の勃発

1862（文久2）年8月、横浜の英国商人ウッドソープ・クラークとウィリアム・マーシャルに加え、日本見物のために来日していたチ

ャールズ・リチャードソンとマーシャルの従妹ボラデール夫人の4人は、**東海道で乗馬を楽しんでいた**。

そして反対から、薩摩藩主・島津茂久の父にして、藩の指導者である久光を乗せた**大名行列**が、江戸から京都に向かっていた。両者が生麦村に差しかかった時、事件が起きた。

大名行列とかち合ったら、**下馬してやり過ごす**のが常識だが、4人は構わず近づいていった。日本人には到底真似することができない行為に、藩士たちは激怒し、斬りかかる。

リチャードソンは命を落とし、マーシャルとクラークも負傷してしまう。必死にアメリカ領事館（本覚寺）に逃げ込み、治療を受けた。いち早く逃げたボラデール夫人は無傷だった。

薩摩藩士たちにとっては、非礼を働いた外国人に対し、国内法として認められている**「無礼討ち」**を遂行したに過ぎないのだが、イギリス人からすれば、突然**無実の自国民が斬殺される**というテロ行為であり、断じて許しがたい所業であった。

幕府は薩摩藩の江戸家老、島津登を呼び出すと、下手人を差し出すよう説得したが、「行列を犯したる者を討ち果たすは、古来の国風である」と拒否。

薩英の対立は避けられないものとなった。

払うのか、払わないのか？

イギリス政府は1862（文久2）年12月、イギリス代理公使ニールを通して幕府に謝罪状を求めると共に、**「賠償金10万ポンドと、薩摩藩**

生麦事件を描いた絵画。男たちはボラデール夫人をいち早く逃がそうとしている

から賠償金2万5000ポンドを徴収すること」を要求。すったもんだの末に、幕府は老中の小《お》笠原長行《がさわらながみち》が独断で賠償金11万ポンドを支払い、謝罪状を提出したことで事態を収束させた。

次なる交渉相手は薩摩藩である。

8月6日、イギリスは横浜を軍艦7隻で出帆、11日には鹿児島湾に入った。

翌日、沖合に停泊していた艦隊に薩摩の高官数人が乗り込んで訪問の目的をただす。すると、**「殺害の犯人をイギリス海軍将校の面前で処刑すること」**、**「賠償金2万5000ポンドを支払うこと」**を要求、無理難題をふっかけた。

薩摩藩は「藩主は殺害を命令しておらず、条約でも外国人が通行を妨害する権利は認められていない」と回答し、イギリス側も引かずに睨み合いとなった。

薩摩湾で大砲戦

先に動いたのはイギリスだった。

鹿児島湾に停めてあった薩摩藩の蒸気艦3隻を15日に拿捕し、薩摩藩はこれを**〝宣戦布告〟**ととらえたのだ。

激しい台風の中、薩摩藩の砲台からの一斉砲撃で戦いは始まった。先制攻撃を食らったイギリス側は準備に手間取るものの、**最新のアームストロング砲**で反撃し砲台、城下町、工場群を次々に破壊し、薩摩藩の戦力を無力化していく。

薩摩藩の大砲は旧式だったものの善戦し、何発かを命中させている。中でも台場に接近した**艦船ユーリアラス**に命中させたことによって、艦長J・ジョスリング大佐と副艦長ウィルモット中佐が即死、大いに慌てさせた。

この戦いで初陣を踏んだ薩摩武士のひとりに**東郷平八郎**がいた。彼は後に日露戦争最大の海戦、「日本海海戦」で連合艦隊を率い、日本を勝利に導くことになる。イギリスの力は**彼の想像を超えたもの**で、先輩藩士から「いかに味方が意気軒昂でも、戦艦相手にはどうすることもできなかった」と聞かされ、大きなカルチャーショックを受けたという。

代理公使のニール中佐は上陸を主張したが、損害を出したオーガスタ・クーパー提督は、砲撃を中止して**横浜に向けて退却**していった。

イギリス側の死者は13名、負傷者は50名に対し、薩摩藩の死者は5名、負傷者は18名であった。「薩摩藩の敗北」と伝えられることが多いが、**死者数はイギリス側が上回っていたのだ。**

ロンドンの新聞「Illustrated London News」に掲載された薩英戦争を描いたイラスト

武力行使を終えたイギリスは、薩摩藩側と11月9日に横浜で会談する。

薩摩藩はヨーロッパの最新鋭の海軍の威力を見せつけられ、それまで抱いていた**攘夷思想の限界を悟った**。

そこでイギリスを味方にして、藩を強化した方が得策と判断した。一方のイギリスも優柔不断で弱体化している幕府より、**薩摩藩の方が日本を背負って立つに相応しい**、と考えた。

子どもが喧嘩をした後に仲良くなることがあるが、お互いの実力を認めた両者は急接近し、イギリスは薩摩藩最大の友好国になっていく。

薩摩藩は賠償金を満額支払う代わりに、軍艦購入とイギリスへの留学生受け入れを提案、さっそく商人トーマス・グラバーを通して37万9000ドルもの軍艦を購入したのだった。

長州藩と4ヶ国連合艦隊の戦い

長州藩　対　欧米列強

これまで見てきたように、日本の歴史上、本州まで外敵に攻めこまれたケースはほとんどない。戦場は常に対馬や壱岐、九州の北部である。太平洋戦争まで視野を広げても、**地上戦が行われたのは沖縄だけ**であった。

しかし、歴史を紐解くと、ゼロではない。

実はわずかな時間、ほんのわずかな面積であるが、下関で地上戦が行われているのである。イギリス、アメリカ、フランス、オランダの4ヶ国と長州藩の間に起こった**「下関戦争」**がそれだ。敵は軍艦計17艦、総兵力5000人。

なぜ当時の世界をリードする先進国が連合して長州藩を攻めなければならなかったのか？

攘夷の決行

朝廷が外国との条約に勅許を与えなかったことは先述したが、その頂点にいたのが**孝明天皇**である。頑固な攘夷論者であり、再三にわたって幕府に攘夷を促した。

根負けした幕府は「攘夷期限を5月10日とし、開国を拒絶します」と各藩に対して布告してしまった。**まさか本気で攘夷を決行する藩はない**

長州藩の砲台を占拠して得意げな連合軍の兵士たち

だろうと決め込んでの通達であったが、それを実行に移してしまったのが長州藩であった。

1863（文久3）年5月10日までに長州藩は沿岸に砲台を築き、下関に1000人を集結させ、軍艦4隻で待ち受けた。軍艦といっても2隻（丙辰丸、庚申丸）は長州藩自家製の帆走式軍艦であり、残り2隻（癸亥丸、壬戌丸）もイギリス商人から買った**貧弱な蒸気船**である。

攘夷期限の5月10日、長州藩は何の予告もなくアメリカ商船、ペンブローグ号を亀山砲台から砲撃し追い払ってしまった。

「ついに夷《えびす》を攘《はら》ってやった」ということで、長州陣営はたいへんな興奮に包まれたという。

5月23日と26日にも、フランスの報知艦キャンシャン号やオランダ軍艦メデュサ号を砲撃し、こちらは水兵らに多数の死傷者が出た。

各国の報復

砲撃を受けた欧米列強各国が黙っているはずがない。6月1日、アメリカは軍艦ワオミング号をして下関港に侵入、32ポンド砲・11インチ自在砲で長州自慢の戦艦3隻に襲いかかる。反撃の甲斐もなく**庚申丸と壬戌丸は撃沈**、**癸亥丸も戦闘不能**に追い込まれる。

4日後の6月5日、フランスの軍艦タンクレード号とセミラミス号が関門海峡に襲来。先の戦いで海軍力が激減した長州藩に、2艦合わせて39門の大砲が火を噴き、砲台はその**機能を停止**してしまった。

フランスは余勢をかって陸戦隊70人、水兵180人の上陸を試みる。この上陸こそ、おそらく**日本の歴史上唯一の本州への上陸攻撃**である。長州側は旧式の小銃や弓矢で上陸を阻止しようとするが、無駄な抵抗だった。結局、砲台を放棄して退却してしまう。

上陸したフランス軍は本陣の慈雲寺に火を放ち、砲台を占拠。鉄釘で砲口を塞いで砲車を焼き、弾薬を海中に捨てて引き揚げて行った。

アメリカ公使は6月10日、駐留地の横浜で4ヶ国での会談を提唱。オランダ、フランス、イギリスが参加した。

ここで改めて長州藩に報復攻撃を加えるための**連合艦隊**を結成する運びとなり、南北戦争の真っ最中だったアメリカは商船に大砲を積んだターキャン号を提供。

すでに報復を果たしているフランスも消極的だったが、イギリス駐日総領事ラザフォード・

長州の攘夷によって無差別攻撃を受け、炎上するキャンシャン号を描いた絵画

オールコックの説得を受けて3軍艦を派遣した。

対日貿易が順調で、直接的に被害を受けていないイギリスは当初消極的だったものの、関門海峡封鎖によって長崎港を介しての貿易が壊滅したことを知ると、乗り気になった。

参加国最大の軍艦9艦、約2800人を派遣している。最も連合艦隊派遣に積極的だったのはオランダで、**東インドの最新鋭艦ジャンビ号**を派遣。派遣された軍艦は4艦だったが、そのうち2艦が2000トン級、1艦が1700トン級の巨大戦艦であった。

人員もイギリスに次ぐ約1000人を提供した。艦隊を編成した4ヶ国は幕府に対し「20日以内に下関通行の安全に関する、満足な保証を得ることができない場合には、**事前協議なしに軍事行動に出る**」と通告した。

停戦交渉と下関戦争

風雲急を告げる事態に、ロンドンに密入国していた２人の青年が、戦争を止めるために慌てて帰国した。後に明治政府で大きな役割を果たすことになる、**伊藤博文**と**井上馨**である。

両名は、できれば戦は避けたいイギリスの書簡を持って長州藩に赴く。書簡には、長州に都合が良いことばかりが書いてあったのだが、それでも藩首脳は首を縦に振らなかった。

伊藤は粘り強く説得を続け、藩首脳に**外国船の通行の自由**を決めさせたが、時すでに遅し。

連合艦隊はすでに横浜を出港していた。すでに長州藩を屈服させたうえで、条件をのませる方針が固まっていたのである。

４ヶ国連合軍は、大砲２９１門、兵員５０１４名という**圧倒的な陣容**で長州藩に迫る。

迎え撃つ長州藩はというと、自前の軍艦・丙辰丸１隻と大砲１２０門、藩兵・奇兵隊に農兵を合わせて２０００人ほどに過ぎなかった。主力部隊は「禁門の変」で京都に派遣されており、**二線級の陣容で連合艦隊と対峙**した。

８月５日午後、連合艦隊は三列縦隊を組んで関門海峡に侵攻。ユーリアラス号のマストに戦闘旗が上がり、戦いが始まった。

長州の砲弾は、情けないことに射程が足りず相手戦艦に届かない。たちまち前田・壇ノ浦両砲台が集中攻撃を受け、退却を余儀なくされた。

連合軍は前田砲台近くから上陸し、砲台を破壊すると後退していった。

連合軍は壇ノ浦砲台が主力砲台と見て、これ

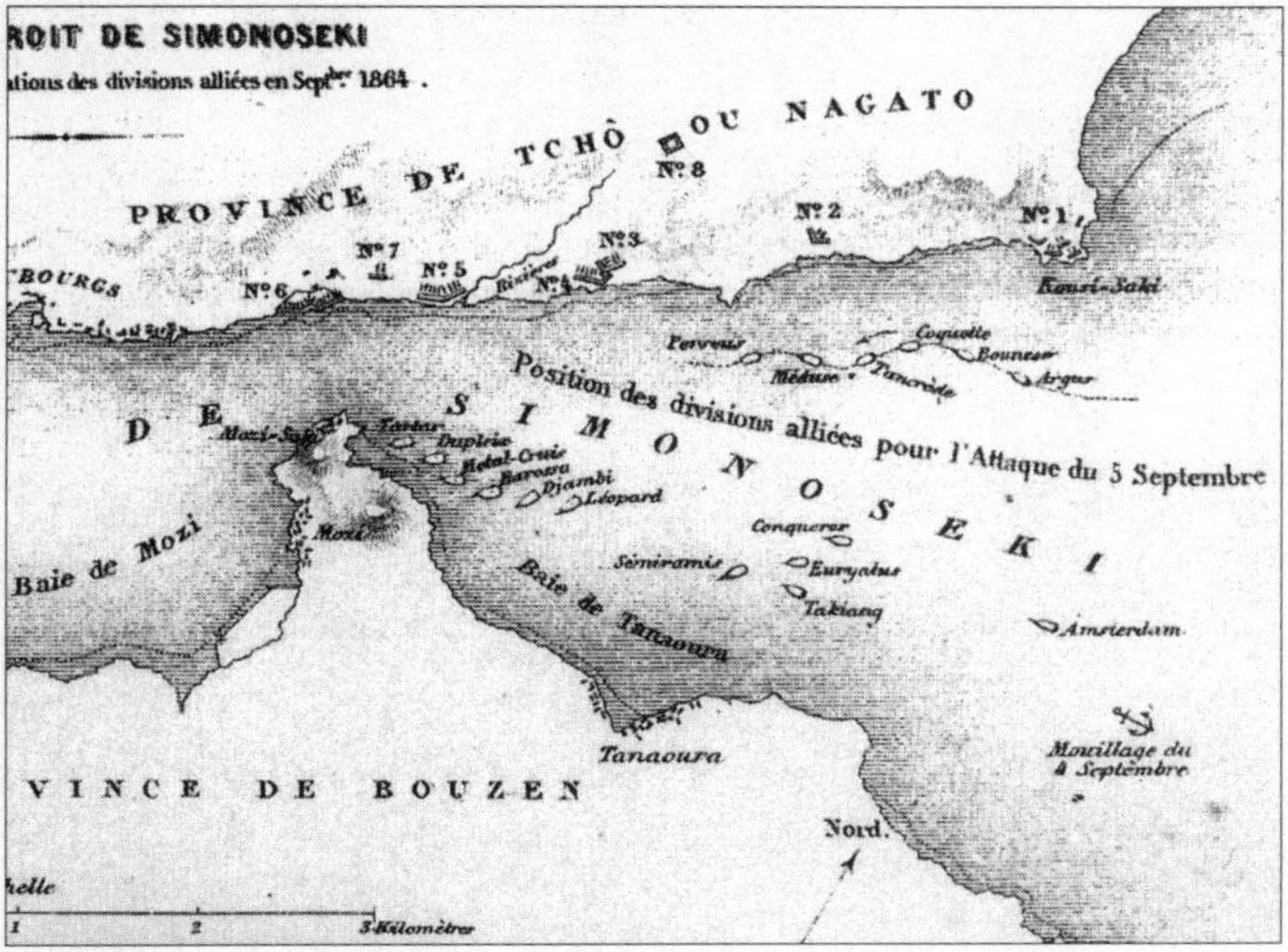

下関に攻め寄せる連合艦隊。「Tannoura」と書いてあるのが壇ノ浦である

を破壊することを決意し、上陸作戦を決行した。長州側は**旧式銃と弓矢**で阻止しようとするが、ライフル銃に叶うはずもなく、退却していった。約２５００人の上陸部隊が砲台を占拠し、長州軍は戦う術を失った。

8日の正午には戦闘は終結し、**高杉晋作を正使とする講和使節**がユーリアラス号を訪ね、6日後に交渉が成立した。

結果は長州側の敗戦だが、長州の戦死者は18人、負傷者は29人であるのに対し、連合軍の戦死者12人、負傷者50人であった。**連合軍にも同等の人的被害があった**ことになる。

「薩英戦争」の時と同じく、欧米列強は長州藩の戦いぶりに少なからぬ敬意を持った。こうしてようやく長州藩も攘夷を諦め、**欧米列強の力を利用した倒幕**を志向していくことになるのだ。

近代日本を作った内戦 戊辰戦争

徳川慶喜の誤算

「薩英戦争」と「下関戦争」を経験して**攘夷は無謀だ**と悟った薩摩・長州両藩は、土佐藩の志士、坂本龍馬の仲立ちで**「薩長同盟」**を結ぶ。

彼らと旧幕府勢力が衝突したのが大規模な内乱「戊辰戦争」だが、この戦いは日本人だけではなく、幕府の顧問になっていた**フランス**と、薩長の側に付いた**イギリス**をも巻き込んでいく。

異国の地での彼らの動きも紹介していこう。

さて、当時の朝廷を牛耳っていた薩長側の公卿・岩倉具視《いわくらともみ》は、王政復古のクーデターを計画し、薩摩と長州に討幕の密勅を送った。

江戸幕府15代将軍の徳川慶喜は機先を制して自分から大権を朝廷に返還する**「大政奉還」**を上奏し、密勅の効力を無効化した。

慶喜としては、政治から離れていた朝廷に実務能力はなく、いずれ困って泣きついてくると踏んでいたようだ。

しかし、薩摩の強硬派・西郷隆盛は**一気に事態を進める**べく、薩摩藩兵3000人を上京させる。朝廷の御所の各門に押し寄せて旧幕府側の桑名・会津藩兵を追い出し各門を固めた。

やがて「王政復古の大号令」が発せられ、幕府・守護職・所司代は廃止されて、江戸幕府は

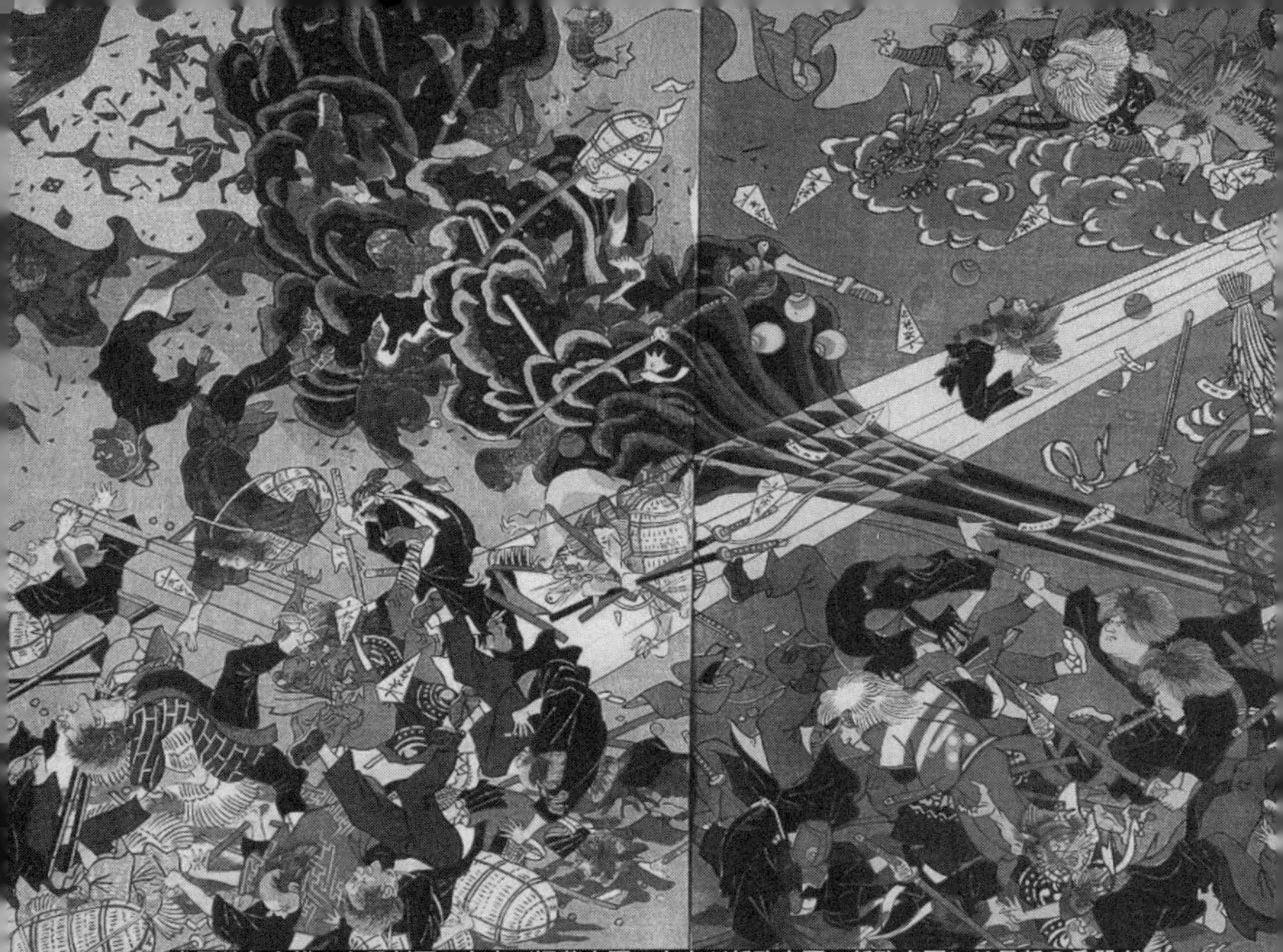

戊辰戦争を描いた風刺画。左方が旧幕府軍、右方が新政府軍。新政府軍には最新の兵器だけではなく、八百万の神々も加勢しているという設定である（「神恵朋世記」）

消滅した。同日の夜に開かれた小御所会議でも慶喜の領地と官職すべてを剥奪する**「辞官・納地」**が決定し、通達された。

慶喜の読みは甘かったと言うほかない。

あくまでも武力による倒幕を目指す隆盛は、なおも攻撃の手をゆるめず、浪士約５００人を集めると江戸市中で**破壊工作**に従事させた。

彼らは強盗や放火を繰り返し、市中を取り締まる庄内藩は、これらの蛮行が薩摩藩邸を拠点としていることを確認すると、薩摩藩邸を焼き打ちにしてしまった。

ところがこれが**薩摩藩の罠**であり、新政府軍と旧幕府軍の対立を決定的なものとし、交渉による決着を困難にしてしまった。

追い詰められた慶喜は開戦を決意し、会津・桑名を中心とした兵を京へ進めた。

鳥羽・伏見の戦い

旧幕府軍15000人は、鳥羽街道と伏見街道に分かれて進撃する。1868（慶応4）年1月3日、戦いが始まった。

薩長の兵力はわずか4500人。

しかし、新式銃にズボンという装備で臨む新政府軍に対し、旧幕府軍は刀と槍に旧式銃、袴という出で立ちだ。

新兵器を操る新政府軍の前に、旧幕府軍は死傷者の山を築いてしまった。さらに新政府軍が〝官軍〟であることを示す**「錦の御旗」**を掲げると、「賊軍」になることを恐れた旧幕府軍は次々と大坂城へ撤退していった。

敗れたとはいえ、旧幕府軍の士気は高かった。慶喜自身が兵を率い、徹底的に市街戦を戦えば、勝ち目はあったといわれている。

ところが、**慶喜は大坂城を脱出する**と、会津藩主松平容保《かたもり》、桑名藩主松平定敬《さだあき》らを連れて開陽丸で江戸に撤退してしまった。

各国の思惑

この時の日本は国際法上では**「内戦状態」**となっていた。旧幕府と新政府は**交戦団体**とみなされ、欧米諸国は、局外中立を宣言した。

各国とも軍艦、武器、弾薬の販売、兵士の輸送、雇用や仲介が禁止される。この結果、イギリスとフランスの軍事顧問団は戦闘指導ができなくなった。もっとも、武器商人にとって内戦はビジネスチャンスで、中立は守らなかった。

徳川慶喜の大坂脱出を描いた月岡芳年の「徳川治蹟年間紀事 十五代徳川慶喜公」

新政府軍の次なる目標は当然、江戸である。その江戸は勝海舟を中心に恭順策へ傾いていく。フランス公使レオン・ロッシュは、たびたび登城し、慶喜に**交戦を促した**。

ロッシュは将軍就任直後の慶喜に、幕府の軍制改革を助言した人物だ。肩入れしていたフランスにとっては、幕府が崩壊してしまえば影響力がまったくなくなってしまう。

だが結局、徳川慶喜はフランスの意に反し1868（慶応4）年2月12日、上野寛永寺の大慈院に謹慎し**恭順の意**を表した。

3月13日には、高輪の薩摩藩邸で勝海舟と西郷隆盛が直接会談を行い、**「江戸城総攻撃」**は中止されることが決まった。

一般には、海舟と隆盛の〝英断〟と言われているが、実はその裏には、イギリス公使ハリー・

パークスの意向があったとする説もある。

慶喜のことを評価していたパークスは、新政府軍の参謀・木梨精一郎と横浜で会談した際、「**恭順している慶喜に戦争を仕掛けるとはけしからん**」と激昂し、「**万国公法に反する乱暴な国**」だと断じた。

この報告を聞いた西郷は驚き、交渉前に総攻撃中止を覚悟したというのだ。

立見尚文と山本覚馬

ところで、「鳥羽・伏見の戦い」では良いところなく敗れてしまった桑名藩と会津藩だが、人材がいなかったわけではない。

滅多に光が当たることのない、**立見尚文**と**山本覚馬**という2人の俊才を紹介したいと思う。

桑名藩の立見尚文は、フランス人の教官から「**天性の軍人**」とまで評価された逸材である。

戊辰戦争の際は雷神隊という少数部隊を指揮し、「鯨波戦争」で山縣有朋、黒田清隆が率いる新政府軍を撃退している。

「北越戦争」でもゲリラ戦を指揮し、奇兵隊参謀の時山直八を討ち取っている。最後まで抵抗した後に、明治政府軍に降伏。

その後は、才能を惜しんだ新政府に起用され、「西南戦争」、「日清戦争」、「日露戦争」と活躍し、旧幕府軍出身者では**異例の陸軍大将に昇進**している。

会津藩の山本覚馬は、大河ドラマの主人公として有名な**山本八重の兄**である。戊辰戦争が起こる10年前に江戸に遊学し、洋式兵学と砲術を学ぶ。そこでいち早く、これからの戦争は銃撃

降伏時の会津若松城。瓦は波うち、壁は穴だらけ。激しい戦闘だったことがわかる

戦が勝敗を決めると気づく。

その後、藩の重臣を説得し、ドイツ人ルドルフ・レーマンに**15000挺の最新式スナイドル銃**を発注する。ところが皮肉なことに、この銃は会津藩に渡らずに、紀州藩に渡って会津攻めに使用されてしまうのだ。

彼らの奮闘空しく、東北の旧幕府軍側の大名で結成された「奥羽越列藩同盟」は装備で優る新政府軍に各戦線を突破され、降伏する藩が相次ぐ。

特に会津藩は、薩長の仇敵ということもあり、苛烈な攻撃を受け有名な**「白虎隊の悲劇」**をはじめとする大きな被害を受けた。

結局、幕臣・榎本武揚が箱館の五稜郭に籠城し最後の抵抗を試みるものの、1869（明治2）年に投降、近代日本が誕生するのである。

日本最後の内戦 士族たちの反乱

改革に伴う痛み

戊辰戦争に勝利した新政府軍は、**薩摩・長州・土佐・肥前藩出身者たち**を中心として、明治時代を切り開いていくことになる。

しかし、どこの国にも言えることだが、革命とは起こした後が大変なのだ。とりわけ、新政府が神経をとがらせたのが、旧支配層の武士階級・**士族の処遇**である。

新政府は藩を廃止する「版籍奉還」が済むと身分制度の解体にとりかかる。特権階級であった武士は平民になってしまうのだ。

疲弊してしまった日本はいつ欧米列強につけこまれるか分からず、多少の痛みは覚悟のうえで**「富国強兵」**を実現し、中央集権国家を作らなければならなかった。

新政府軍に参加した武士の中には、勝利することによって、自分の暮らしが必ずや豊かになると疑わず、**新しい国に希望を抱いた**者もいただろう。

ところが実際はそうはならず、逆に生活は苦しくなる。地位もプライドも失って、**不満を貯めこむ武士階級**が増大していく。

新政府は勝利したことによって、かえって自分の首を絞めているような状況であった。

士族反乱「西南戦争」における最大の激戦を描いた「田原坂激戦之図」

新時代の軍隊

「アヘン戦争」で敗れた清国が、欧米列強に好き放題に蹂躙されている様を目の当たりにしている新政府は、**近代的な軍隊**をつくることを最優先事項とした。

新政府は薩摩、長州、土佐各藩から献上された藩兵を直属の常備軍として**鎮台**に配置する。鎮台とは1871（明治4）年から17年間だけ使われた、軍編成の最大単位である。

場所は仙台、東京、名古屋、大阪、広島、熊本などに置かれ、その後、**「師団制度」**に変わる。鎮台はいわば内乱鎮圧用の軍隊だった。

一方で新政府は、藩兵に頼らない**〝新時代の軍隊〟**の創設を急いだ。1872（明治5）年

11月に「徴兵告諭」を、翌年1月には**「徴兵令」**を公布し、満20歳に達した男子には兵役の義務を課したのである。

実は、当初は**志願兵制度**にするか、**国民皆兵制度**にするか政府内でも議論があったのだが、「あらゆる身分に兵役の義務を負わせる」ということで国民皆兵制度が採用されたのだ。

当時、「普仏戦争」でフランスに勝利し、ヨーロッパで最も勢いがあった新興国・プロイセンが国民皆兵の徴兵制度を採用していたことも大きく影響している。

とはいえ、士族にとって「徴兵令」は、自分たちの特権だけではなく、**存在意義を奪うもの**であり反発が相次いだ。

平民としても、一家の若い労働力が取られることは負担が大きく、やはり反対が多かった。

もっとも、官公立学校生徒・戸主・嗣子・養子、また270円払った者は免除されていたので、**徴兵逃れ**をする者も後を絶たなかった。

中でも横行したのが、徴兵逃れを目的とした養子縁組だったという。だから、当時の軍隊は貧しい家庭の二男、三男ばかりだったのだ。

秩禄処分と廃刀令

藩が無くなって以降、政府は華族や旧藩主に代わって士族に**「禄（秩禄費）」**を支払っていたが、これが実に**財政支出全体の26%**を占めており、大蔵省は財源調達のため、打ち切りに踏み切ることになる。

まず政府は、1873（明治6）年、家禄税を設定。これは累進課税、つまりもらっている

士族たちの最後の心の拠り所だった薩摩藩出身の西郷隆盛。「義に厚く器が広い大人物」というイメージが一般的だが、幕末の動乱期には一般市民を巻き込んだテロ活動も実施した

人ほど高かった。

そして家禄を奉還する者には、家禄数年分の現金と、**秩禄公債**を公付した。秩禄公債は発行後6年間、毎年6分の1ずつ政府が買い上げることになっていた。1876（明治9）年になると、華族、士族の家禄支給は全廃され、代わりに金禄公債証書が交付された。

家禄が多かった華族や上級武士は生活を維持できたが、下級武士たちはほとんどが**没落**していくしかなかった。

追い打ちをかけるように、1876（明治9）年には、士族のシンボルとでも言うべき刀を取り上げる**「廃刀令」**が出される。

これにより、軍人や警察官、官吏など、帯刀を許されるのはごく一部に限られ、違反したものは没収された。士族の不満は**爆発寸前**である。

士族の反乱と西南戦争

岩倉具視ら新政府の幹部が海外事情の視察に出かけたころ、留守を預かる西郷隆盛や土佐藩出身の板垣退助らは、武力を背景に朝鮮に開国を迫る**「征韓」**を行おうとしていた。

「征韓」の目的のひとつには、困窮する士族たちに**働き場を与える**ことがあったとされている。

ところが、帰国した岩倉具視や大久保利通は、にべもなくこれを却下してしまった。猛反発した西郷隆盛や板垣退助、江藤新平など多くの幹部が辞職し、下野していった。

士族たちも黙っているはずがない。ついに１８７４（明治7）年、**「佐賀の乱」**が勃発した。

首謀者は江藤新平だ。しかし熊本鎮台、大阪鎮台、東京鎮台から駆けつけた政府軍によって鎮圧され、元司法卿の江藤はさらし首にされた。

その後も、「敬神党の乱」、「秋月の乱」、「萩の乱」など散発的な蜂起が相次いだが、いずれも短期間で鎮圧される。誕生したばかりの**〝新時代の軍隊〟**が早くも威力を発揮し始めたのだ。

残るはあとひとり。鹿児島県の隆盛である。

隆盛は下野すると私学校を設立していたのだが、不思議なことに**県が運用**していた。

というのも鹿児島県の歳入は中央政府の金庫に一度も納められたことはなく、**事実上の独立国だった**のだ。まさに日本の火薬庫である。

相次ぐ士族の反乱を傍観していた隆盛だが、ついに１８７７（明治10）年2月15日、重い腰をあげて出陣し**「西南戦争」**が勃発した。

鹿児島県の士族１４０００人が熊本鎮台に押

「征韓議論図」。反対派（左）と賛成派（右）に分かれて激しく議論を戦わせている

し寄せ、熊本城を四方から攻撃する。

しょせん農民兵とあなどる西郷軍だったが、最新式のスナイドル銃を装備する政府軍を攻めあぐね、強行策から包囲作戦に切り換えた。

急行した政府軍の援軍は囲みを破るべく、西郷軍は防ごうとして、熊本の北方15キロの**田原坂**で死闘が繰り広げられた。やがて政府軍は田原坂を突破し、１ヶ月後には熊本城に入った。

西郷軍は人吉、宮崎、可愛岳を登って鹿児島へ帰るものの、もはや政府軍に反撃する力は残っておらず、最後の一斉攻撃によって隆盛は**城山で自決**し、最大の士族反乱である西南戦争は終結したのだ。政府軍が動員した兵力は実に６８０００人、西郷軍の動員は４８０００人であった。これ以降、日本では２０１５年現在まで内戦は起きていない。

岩倉使節団は西欧の何を吸収したのか

岩倉使節団とは

前述した「征韓論」は留守政府によって発案されたのだが、出かけていた者たちは何をしていたのか？　有名な**「岩倉使節団」**として、欧米の視察のため外遊していたのである。

こう書くと優雅な印象があるが、「版籍奉還」を通じて国の形をがらりと変えた途端に、**新政府の首脳が丸ごと日本を留守**にして外国に出発してしまうのだ。

逆に言えば、これほどの無茶をしてでも、新政府は国家の進路を探るため先進国を見聞しなければならなかった。

進路というのは、日本の国の形はもちろんだが、**「どの国とは戦うべきではないか」**、**「どの国が戦って勝ち目があるか」**を探る意味もある。

政府首脳が丸ごと偵察隊として敵国の様子を観察し、来るべき戦いの参考材料にしようとしたのである。

それが「戦争史」を扱う本書が、あえて**「外交史」の一部**である岩倉使節団を取り上げた理由だ。

いざ列強の本拠地へ

岩倉使節団。左から木戸孝允、山口尚芳、岩倉具視、伊藤博文、大久保利通（提供：朝日新聞社）

1871（明治4）年11月12日、右大臣・岩倉具視を特命全権大使、木戸孝允を副使とし、大久保利通ら政府関係者50人で組織された岩倉使節団が横浜港を出発した。

訪問の名目は、幕末に条約を結んだ国に新政府の国書を捧呈すること、1872（明治5）年5月以降に改訂可能な、不平等条約改正の予備交渉をすることだった。

もっとも、不平等条約の改正交渉に関してはアメリカで**「天皇の委任状がなければ交渉はできない」**と突っぱねられてしまい、その委任状の発行もおぼつかず断念している。

訪れた国はアメリカ、イギリス、フランス、ベルギー、オランダ、ドイツ、デンマーク、スウェーデン、ロシア、オーストリア、イタリア、スイスの12ヶ国である。

ロシア与しやすし

使節団一行はアメリカのサンフランシスコへと上陸し、全市をあげての熱烈な歓迎を受ける。一行は鉱山機械の製造工場、裁判所、議事堂、兵学校、電信局などを視察して回った。

その後、ワシントンまでの道のり5000キロを特別貸切列車で横断し、そこからイギリスに向かった。

ロンドン、マンチェスター、グラスゴーなどに約1ヶ月ほど滞在し、電信局、郵便局、造船所、蒸気車工場、製鉄所、紡績工場などを視察した。そこでは分業制が行き届いている**世界の工場**を目の当たりにする。

『米欧回覧実記』を記した久米邦武は**「40年前は大差なかった。遠からず追いつけるのではないか」**と強気な発言をしている。

フランスは、農・工・商のバランスと地方分権が富を支えていると分析。イギリスと違って、手工業に力を入れていることに注目し、後に**「富岡製糸場」**を設立する際の参考にしている。

統一間もないドイツは、短期間で「富国強兵」を実現し、3年前にはフランスに勝利していた。使節団はこのドイツに日本との類似点を多く見つけ、もっとも参考にした。

「大日本帝国憲法」も、君主の権限が強い「プロシア憲法」を参考にして作成されている。

また、欧米ではキリスト教が人心の機軸をなしているが、日本にはそれがなかったため、伊藤博文は**「代わりに機軸とすべきは天皇」**と確信し、憲法の核心に置いたのだった。

1890（明治23）年のロンドン。さすがに文明の発達に差を感じる大都市ぶりである

一行がもっとも興味を持っていたのは、ロシアへの訪問だった。

木戸孝允などは**帰国命令を無視**してロシアに同行している。なぜなら、朝鮮半島に色気を示しているロシアこそが日本にとって最も脅威であり、世界最大の強国と認めていたからだ。

ところが、一行がロシアを見聞してみると、そこは政治と宗教が結びついた「政教一致」の国であり、予想以上に政治のスピードが**他の欧米諸国より遅れている**ことを実感した。

「ロシア与しやすし」とほくそ笑みながら帰国の途に就いた者も多かったことだろう。

その後、新政府が法学、経済学、科学技術、憲法制定、国会開設などの問題を素早く解決できたのは、大胆な使節団派遣が成功した何よりの証だろう。

A32

第5章 日本人が知らない日本の戦争史

日清戦争で日本の評価はどう変わったか

朝鮮の情勢

「征韓論」にしろ、ロシアの脅威にしろ、カギを握っているのは朝鮮半島である。**開国が遅れていた朝鮮**はどのような情勢だったのか？

朝鮮は中国と日本が欧米の圧力で開国してからも、鎖国を続けていた。当時は国王・高宗《こうそう》の后である**閔妃《びんひ》の開化派**と、国王の父・**大院君《だいいんくん》の保守派**が対立していた。

やがて閔妃一派は実力行使に出て、大院君を追放して実権を握ってしまった。そして開国を決断すると、軍政の手本を日本に求めたのだ。

日本としては、自分たちの影響下で朝鮮が近代化するに越したことはなく、閔妃一派を支持した。ところが翌年、給料の遅配から朝鮮の兵士たちが蜂起し、「閔妃一派と日本を打倒せよ」と日本公使館を包囲、**焼き討ち**にしてしまう。

反乱軍が保守派の大院君を政権につけると、政変を知った朝鮮の宗主国・清が大軍を朝鮮に派遣し、大院君を天津《てんしん》に監禁してしまった。閔妃が再び返り咲いたわけだが、清に鎮圧を頼ったことで、急速に**清寄りの政権**になっていく。

日本は朝鮮側の謝罪と、賠償金50万円の支払いを求め、さらに「済物浦《さいもっぽ》条約」を結び、公使館警備のための日本軍駐留を認めさせた。

大日本帝国として初めての対外戦争となった日清戦争（「牙山追撃日清両軍成歓大激戦之図」）

この一連の紛争を「壬午《じんご》軍乱」と呼ぶ。

壬午軍乱以降、閔妃に従っていた開化派は清に接近する**穏健開化派（事大党）**と、日本を頼ろうとする**急進開化派（独立党）**に分裂した。

日本は独立党の金玉均《きんぎょくきん》らが1884（明治17）年にクーデターを計画すると、朝鮮半島での影響力を回復するため、これに協力する。

ところが、またしても閔妃から要請を受けた清の大軍が襲来し、事態を治めてしまう。

これを「甲申《こうしん》事変」と呼び、事件を通じて朝鮮での日本の影響力は**完全に失われてしまった。**

東学党の乱

1894（明治27）年2月、東学という思想を信奉する東学党の幹部である全琫準《ぜんほうじゅん》が農民と

共に軍を結成し、**「世直しと外国の排除」**を掲げて蜂起する。

当然、朝鮮政府は鎮圧に乗り出すが、政府軍は軟弱で一向に鎮圧できず、またも閔妃は清に東学軍の鎮圧を要請する。

要請を受けた指導者の李鴻章《りこうしょう》は**「朝鮮が清の属国であることを内外に示す絶好の機会」**と捉え、2800人もの兵を派兵。

漢城の南方80キロの牙山に陣を構えた。日本も「公使館警備」を名目に、すぐさま朝鮮半島へ出兵を決意する。

日本は清に負けじと、歩兵2個連隊、騎兵、砲兵、工兵、野戦病院、兵站部など8000名を派遣。**単独で戦争が遂行できる規模**である。

朝鮮政府は日本の出兵通知を受けて抗議するも、日本はこれを突っぱねて仁川に上陸し、漢城まで進んで陣を敷いた。

東学党を鎮圧するはずが、日本軍と清軍が睨み合う展開に朝鮮政府は危機感を募らせ、東学軍に交渉を持ちかけ和解にこぎつけた。

日清戦争

しかし乱が治まっても**両軍の緊張は解けず**、1894（明治27）年7月25日早朝、日本海軍連合艦隊の巡洋艦吉野《よしの》、浪速《なにわ》、秋津島《あきつしま》が、豊島沖で清国の巡洋艦・済遠《さいえん》、広乙《こうおつ》と遭遇する。

済遠が砲撃したことによって、日本と清の武力衝突**「日清戦争」**が勃発してしまう。

吉野が応戦すると広乙は中破して浅瀬に乗り上げ、済遠も損害を出して全速力で逃げ去った。

陸軍は漢城を制圧後、「東学党の乱」で出張し

「黄海海戦」は最新の戦術を導入した日本が勝利した（「日清艦激戦之図」）

ていた牙山の清軍と戦い、これを敗走させる。

清軍は平壌まで兵を退いて集結するが、日本軍はこれを総攻撃して勝利し、占領に至る。

その翌日、朝鮮半島西方の黄海では日清戦争最大の海戦「黄海海戦」が始まった。清国の北洋艦隊は12隻、日本の連合艦隊も12隻であった。

清の戦術は**横一列**に陣形を組み、正面への艦砲射撃と、艦首からの水雷発射を続け、近付くと船首の衝角で衝突して沈めるという、古典的な戦法だったが、日本は**縦一列**に陣形を組んで、敵の前面を高速で横切りつつ、側面の敵に艦砲射撃の雨をお見舞いして艦上施設を破壊し、戦闘能力を奪うというものだった。

結果は清軍が5隻撃沈、大破4隻だったのに対し、日本は撃沈なし、大破2隻のみということで、日本の大勝利に終わった。

陸軍の方も、10月23日には、鴨緑江を越えて清国領内に侵入し、遼東半島の金州、大連を攻略しながら南下し旅順に到達した。

黄海海戦で旅順港の**制海権を喪失**した清軍は、日本が自由に日本海の海上輸送を行うの見守るしかなく、陸戦にも悪影響が出ていたのだ。

その後、海軍は北洋艦隊の基地・威海衛《いかいえい》を総攻撃して完全占領し、北洋艦隊を壊滅させている。

日本軍が天津、北京へ向かう動きを見せると、進退窮まった清は、**講和に応じる**こととなった。

三国干渉と日本の評価

1895（明治28）年4月、日本の下関で、日本側の伊藤博文・陸奥宗光と清の李鴻章が会談し**「下関条約（日清講和条約）」**が結ばれた。

日本は清に「朝鮮の独立」、「遼東半島、台湾、澎湖諸島の割譲」、「賠償金2億両」、「沙市、重慶、蘇州、杭州を開港開市とする」といったことを認めさせた。

華々しい勝利のようだが、実は戦争を通じてもっとも得をしたのは**日本ではなく、イギリス**であった。下関条約の「沙市、重慶、蘇州、杭州を開港開市とする」という条項は、清国から**片務的最恵国待遇**（他の国の条約と同じ待遇を、無条件で得られる）を得ているイギリスにも適用される。

いわば、友好国・日本からの贈り物であった。日本は清と貿易をしようとしても売るものがなかったが、イギリスにとっては大きなビジネスチャンスである。

また日清戦争における海戦では、国産艦に乏

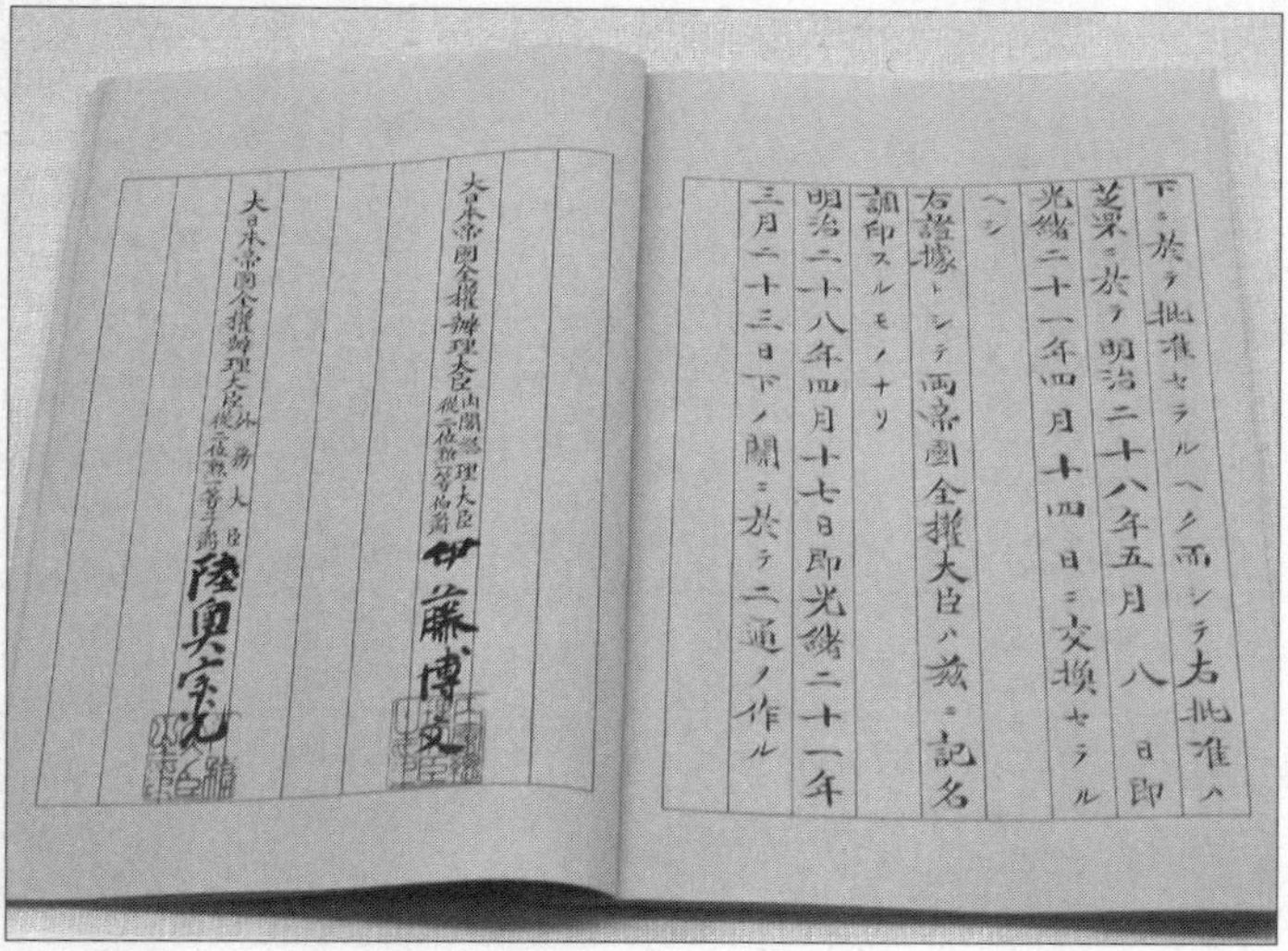

「下関条約（日清講和条約）」の条文。中国では「馬関条約」と呼ばれている

しい両国に代わって、**各国から購入された艦船**が動員されたのだが、目に見えてイギリス艦の働きが目立っていた。戦わずしてイギリスの技術力の高さを世界に示すことができたのだ。

さて勝利した日本であったが、意外なところから圧力を受けることになる。条約締結のわずか6日後、ロシアがフランスとドイツに呼びかけ、日本に対して遼東半島を返還するように勧告してきたのだ。有名な**「三国干渉」**である。

自国にはない、凍らない港（不凍港）の遼東半島を狙っているロシア、露仏同盟を結ぶフランス、ロシアの注意を極東へ向けたいドイツの思惑が一致した形だった。

煮え湯を飲まされた日本だったが、日本軍の練度は各国が認めるところとなり、**〝最後の列強国〟**の地位に滑り込むことに成功したのだった。

日本の命運がかかった大戦　日露戦争

東アジア分割へ

1880年代に欧米列強諸国はアフリカの植民地分割を完了し、**帝国主義の膨張**は落ち着くかに見えた。

しかし、「日清戦争」で日本が勝利したことによって、再び列強の目の色が変わった。「眠れる獅子」と恐れられていた清国の強さが幻だと知るや、**“最後の空白地帯”**である中国・朝鮮を巡り、争奪戦が始まったのである。

日本への賠償金2億両の支払いに困った清は、まずフランス・ロシアの4億フラン共同借款（融資）を受け入れる。それでもまだ足りず、イギリス・ドイツによる1600万ポンドの共同借款も受け入れざるを得なかった。

現在と違って、見返りのない借款などあり得ず、列強諸国は**融資と引き換えに様々な見返り**を要求し、中国は列強にバラバラに分割されていく。

ロシアも、遼東半島南端の旅順・大連の港を25年間租借地とし、南満州鉄道の敷設権も清に認めさせた。

ここは「三国干渉」で**日本が清に返還した地**であり、日本人の対露感情は著しく悪化した。

結局、ドイツは山東省、ロシアは東三省（奉

巨大な大砲を構えるロシアに、か弱い日本をけしかけるイギリスらを描いた風刺画

天・吉林・黒竜江）とモンゴル、フランスは広東・広西・雲南地域、イギリスは長江流域、日本は福建省を勢力圏と確定し、他国に譲らないことを清に認めさせて、ようやく分割は落ち着いた。

　清に跳ね返す力はなく、瞬く間に中国は**反植民地状態**に陥ってしまったのだ。

義和団の乱勃発

　列強の横暴な中国進出に対し、国内では**外国人排除の機運**が高まっていった。1899（明治32）年、白蓮教の流れをくむ民間宗教の義和団が「扶清滅洋《ふしんめつよう》」を唱え山東省で蜂起。

　すると、一般民衆も加わって一団は膨れ上がり、北京、天津を支配下に収めてしまった。彼

らは教会、駅舎、鉄道を破壊し西洋人を殺害し乱暴狼藉を働いていく。あろうことか、清の権力者・西太后《せいたいごう》まで義和団を支持した。

列強8ヶ国は居留民保護のため軍隊を派遣。列強の動きに西太后は「宣戦布告」で応え、**暴動は戦争に発展**してしまった。もっとも、義和団は数は多いが正規軍の敵ではなく、あっという間に鎮圧されてしまった。

その後、列強連合軍の占領地では、略奪、暴行、虐殺が横行したというが、日本軍は山口素臣中将が厳しく監督しており、**悪事を働く兵はほとんどいなかった**。

北京を占領し清を屈服させた列強連合軍は1901（明治34）年9月、「北京議定書」を締結させた。内容は「兵器の製造資材の輸入禁止」や「賠償金4億5000万両の支払い」、「天津、山海関《さんかいかん》、北京など要地への各国駐兵権を認める」など、清にとってたいへん厳しいものであった。

心強い日英同盟

ここで日本にとって、もっとも警戒すべき相手であるロシアが、不気味な動きを見せる。「北京議定書」締結以降も、**満州から撤兵しない**のである。いよいよ朝鮮半島の「不凍港」への野心をむき出しにし始めたわけだ。

この動きに危機感を持った外務大臣・小村寿太郎は、イギリスと同盟を結んでロシアを牽制すべきだと主張し、1902（明治35）年1月30日、ロンドンで**「日英同盟」**が調印された。

イギリスは各国と距離を置く「栄誉ある孤立」を選んでいたが、南下にひた走るロシアに対し

日英同盟によってイギリスから「ガーター勲章」を受ける明治天皇

警戒を強めていた。また、アジアにおけるイギリス海軍の負担を減らすためにも、日本の力を必要としていたのだ。

ロシアは依然として撤兵を行わず、清と韓国の国境付近の河川、鴨緑江沿岸地域へと移動すると、遼東半島の**旅順港の要塞化**に取り組む。

イギリスを味方につけたとはいえ、日本に比べ10倍の国力があると言われていたロシアには強く出ることができず、日本は**「満韓交換論」**を提示して外交的な解決を図ろうとした。「ロシアの満州での権益を認める代わりに、日本の韓国での権益を認めてもらおう」というものであった。

ところが、ロシアが提示してきたのは、「北緯39度線で韓国を分割し、それぞれの勢力下に置く」という案。外交的解決の道は閉ざされた。

陸軍の日露戦争

日本はロシアに「交渉中止」と「国交断絶」に関する公文書を提出する。**宣戦布告**である。

１９０４（明治37）年2月8日、仁川沖と旅順港で両軍が衝突し、「日露戦争」が始まった。

陸軍は大山巌《いわお》を総司令官とし、第1軍から第4軍までが編成された。

開戦から半年後、**両軍の主力が本格的に衝突したの**が「遼陽会戦」だ。日本軍は旅順要塞の攻略に向かった第3軍を除く12万余り、ロシア軍は15万余りという大軍同士が激突する。

日本軍は得意の夜襲を成功させるなど善戦し、損害を嫌ったロシア軍は9月3日に総退却する。日本は辛勝して遼陽を占領した。

損害が大きい両軍は、兵力と弾薬等の補給のため、それぞれ遼陽と沙河付近で睨み合った。

一方、旅順港を擁する旅順攻略に力を注いでいたのが乃木《のぎ》希典《まれすけ》大将率いる第3軍だった。

「日清戦争」ではあっさり陥落した旅順だが、ロシア軍によって**難攻不落の近代要塞**に改造されており、日本軍はたいへんな犠牲者を出した。

コンクリート製の頑丈な要塞から放たれる十字砲火は、**乃木大将の次男まで戦死させた**が、「二〇三高地」の攻略をきっかけとして、ついに陥落する。戦闘は１５５日に及び、死傷者は５万９４０８人にのぼった。

翌年、第3軍は奉天に向かい、これで開戦以来初めて全部隊が同じ戦場に揃った。

同地で両軍の主力は再び激突。これが〝日露戦争の関ヶ原〟と呼ばれる「奉天会戦」だ。

奉天から撤退するロシア軍。母国では革命の機運が高まるなど著しく士気が低下した

日本軍24万9800人、ロシア軍36万7200人という大規模なもので、大山司令官は「敵陣の奪取」でなく、**「ロシア軍の戦力粉砕」**が目的だと訓示した。

日本軍は戦術通りに戦いを運べなかったものの、ロシア軍は旅順要塞を陥落させた乃木大将の第3軍を必要以上に警戒するなど判断ミスが相次ぎ、兵力より先に士気を削がれ、3月9日、ロシア軍は退却を始めた。

翌日、奉天を占領した大山司令官は戦闘の終結を宣言。日本軍の死傷者7万人、ロシア軍の死傷者9万人（捕虜2万人含む）という両軍ともとてつもない犠牲者を出したのだった。

勝利したものの、**もはや陸軍に戦いを続ける能力はなく**、大戦の決着は両軍の主力が温存されている〝海の勝負〟にもつれ込んだ。

国運を左右した日本海海戦の全貌

日本は国力の疲弊を自覚しており、アメリカのセオドア・ルーズベルト大統領に**講話の斡旋**をお願いしていた。

しかし、ロシアのニコライ2世ははるばるバルト海からヨーロッパ一ともいわれるバルチック艦隊を回航させていて、それに**最後の希望**を託していた。

日本は海軍の連合艦隊でこれを壊滅させない限り、講話への道も開けなかったのだ。国運を左右した一戦を国際的な観点から解説する。

3万キロの旅

アジアで戦っているとはいえ、ロシアはヨーロッパが中心の国であり、人口の大半はそこに住んでいる。バルチック艦隊も首都・ペテルブルクが面するバルト海に停泊していた。

ロシアはアジアに近い黒海沿岸にも黒海艦隊を保有していたが、国際条約で航路の海峡が通行禁止になっており、仕方なくバルチック艦隊が**3万キロ**をかけて日本に向かったのだ。

艦隊は１９０４（明治37）年10月15日、リバウ港を出港。しかし出発直後に早くも事件が起こる。北海のハル沖でイギリスの漁船を日本の水雷艇と見誤って攻撃してしまったのである。

バルチック艦隊は**「日本はどこかで奇襲をか**

決戦当日の東郷平八郎（中央）を描いた「三笠艦橋の図」

けてくる」と警戒しており、それが仇となった。

被害者を救助せずに立ち去ってしまったこともあって、イギリスではにわかに「反ロシア」世論が沸き起こる。

トラファルガー広場では、抗議集会が開かれ、イギリスはロシア船に対し、イギリス植民地への入港を拒否する強硬措置を発動する。

スペインのビコ港ではドイツの給炭船が艦隊を待っていたが、中立国スペインは**イギリスの抗議**を受けて、次の寄港分の400トンしか給炭を許可しなかった。

また、この当時の質が良いカーディフ炭は、**ほとんどイギリスが押さえていた**ため、ロシアは質が落ちる石炭しか補給することができず、数ノットも船速が落ちたといわれている。

ロシアの友好国は「三国干渉」のメンバーで

あるドイツとフランスだったが、イギリスの妨害だけではなく、アメリカの**「戦争に介入するのであれば日本を支援する」**との通告を受けて、バルチック艦隊に充分な援護ができなかった。

スペインを出航したバルチック艦隊は友好国の植民地を転々としながら、一路、極東のウラジオストックを目指した。

インド洋はイギリスが押さえていたため、ノンストップで渡らざるを得なかった。常に水、食料、石炭の不足に悩まされ、休息も満足にとれない航海は、**乗員と船体への負担**となって、艦隊に重くのしかかることになる。

日本海海戦

日本はバルチック艦隊と海戦で決着をつけなければならなかったが、バルチック艦隊としては日本海に面する軍港・**ウラジオストックに入れさえすれば良かった**。

入港すれば日本の制海権は危うくなり、戦争は長期化する。そうすれば、政情が不安とはいえ、国力が段違いのロシアが大きく有利になる。

入港には最短距離の**対馬海峡ルート**、北海道の下を通る**津軽海峡ルート**、北海道の上を通る**宗谷海峡ルート**があった。

各国の報道機関によって艦隊の動きは連日報道されていたものの、上海を出港してからの進路はまったくの未知数だった。

連合艦隊司令長官・東郷平八郎は、バルチック艦隊は最短の対馬海峡ルートを採るものと当たりをつけ、自ら旗艦三笠に乗り込むと、対馬海峡に出撃した。

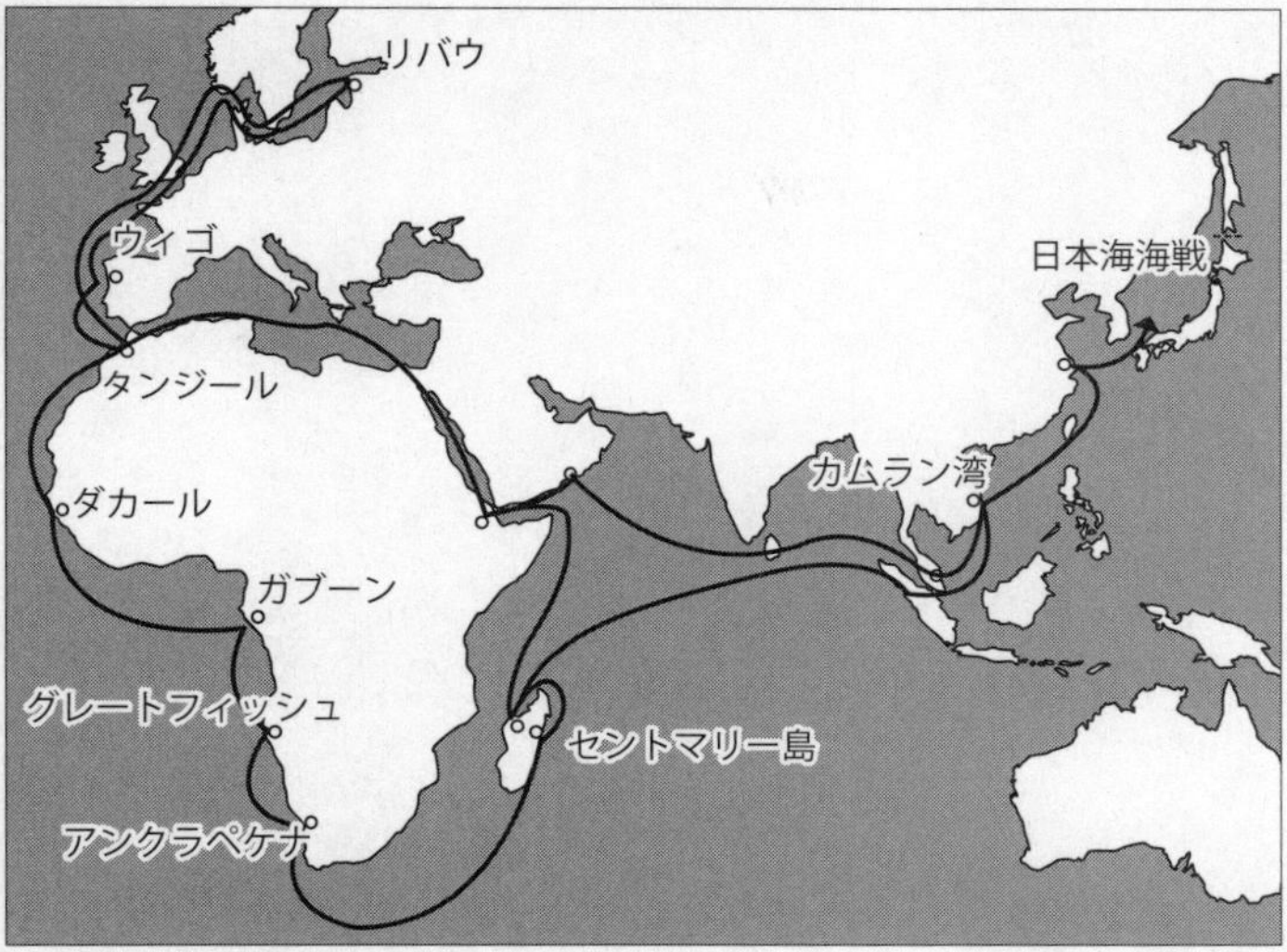

バルチック艦隊の航路。妨害を受けながらこの遠路を航海したから、当然激しく消耗した

5月27日未明、仮装巡洋艦信濃丸が敵艦隊を発見。同じ海域にいた哨戒艇和泉は、信濃丸から電信を受けて五島列島の北西で艦隊の主力を確認。情報を打電した。

東郷はこれを受けて**「全艦出撃」**を命じる。三笠のマストには「皇国の興廃此の一戦にあり、各員一層奮励努力せよ」を意味する「Z旗」が掲げられた。

バルチック艦隊の38隻は、連合艦隊を振り切るため、三列縦隊で距離8キロの地点まで接近してくる。

単従陣を敷く連合艦隊は、東郷の指示により敵の眼前で大旋回。敵に側面を見せて半円形に回転し、行く手を塞ぐ**「T字（丁字）戦法」**だ。

旋回中は敵から撃ち放題だったが、訓練不足のロシア軍の命中率はとても低かった。

黙々と旋回を終え、砲撃に耐えた連合艦隊は、**反撃を開始**する。旗艦スワロフは司令塔が破壊され、ペトロビッチ・ロジェストウェンスキー司令長官が砲弾の破片を受けてしまう。

司令長官を失ったバルチック艦隊は大混乱に陥り、戦艦オスラビア、アレクサンドル三世などが次々と沈没していった。

連合艦隊は夜も間髪入れずに駆逐艦21隻、水雷艇32隻を投入し、バルチック艦隊は壊滅する。翌日、夜明けに残存艦5隻を捕捉したが、これもすぐに降伏した。

負傷した司令長官・ロジェストウェンスキーは捕虜となったが、**近代海戦で敵のトップを捕える**のは前代未聞のことだ。

結局、ウラジオストックに到着したのは巡洋艦1隻、駆逐艦2隻、運送船1隻だけだった。

総合力の勝利

「日本海海戦」の勝利は、連合艦隊の戦術ばかりが強調されるが、他にも**数多くの勝因**がある。

今でこそ無線は当たり前だが、当時の海軍の連携手段は手旗信号だった。世界で初めて艦上に無線機を積み、戦いに挑んだ国が日本なのだ。

信濃丸が「敵艦見ユ」の報を連合艦隊に打電したのは、３７０キロの交信能力をもつ**「三六式無線機」**からである。

これは安中電機がドイツ製の無線機を元に開発したもので、１９０３（明治36）年、正式に採用されている。三六式無線機は島津製作所が製造した**「鉛蓄電池」**を電源としており、これもまた当時の最新技術である。

海戦後、中立国に逃げ込んだバルチック艦隊の防護巡洋艦オレーグの被害状況

科学力に加え、イギリスを味方につけ、航路を妨害した**外交力**、これらの有利な条件を最大限に活かして訓練を積み、戦術を成功させた**「総合力の勝利」**だと言えるだろう。

「日本勝利」の報には世界中が驚き、ほとんどの国では号外が出た。イギリス、アメリカの新聞は手放しで日本の勝利を称え、有色人種が国家間の戦争で白色人種に勝利したわけだから、アジア諸国も自国のことのように喜んだ。

特に、ロシアの南下に苦しんでいたトルコ、イギリスに植民地支配されていたインド、フランスに植民地支配されていたベトナムでの喜びようは凄まじかったという。

ところが、日本は勝利の余韻にひたる間もなく、またしても**「戦争は勝ってからが勝負」**だと思い知ることになる。

ギリギリの交渉戦 ポーツマス条約

講和を願うフランス

「日本海海戦」に勝利した日本だったが、すでに**国家予算の8年分にあたる軍事費**を使い切っていた。外国からの借金と、国債の発行で工面したのである。

長期戦になれば形勢逆転の恐れがあり、一刻も早く有利な講和条約を結んで戦争を終わらせなければならなかった。

アメリカ大統領セオドア・ルーズベルトの仲立ちで、1905（明治38）年6月9日、両国に**講和が勧告**される。

日本はすぐに受諾し、ロシアはやや時間を置いて12日に受諾した。ロシアの同盟国・フランスが背中を押したとされる。

フランスはロシアがアジアに兵力を集中させた状態が続くことによって、ヨーロッパにおいて**ドイツへの軍事的圧力が弱まる**のを心配したのである。

新聞が条約内容を予想

日本海海戦の勝利によって、日本国内は戦勝ムードに沸いていた。マスコミ各紙はこぞって**講和条件の内容予測**を始める。

1905（明治38）年9月1日付の朝日新聞に掲載された「白骨の涙」。講和交渉に置ける日本の譲歩を、戦死者が悲しんでいるという意図であろう（提供：朝日新聞社）

戸水《とみず》寛人《ひろんど》、岡田朝太郎《あさたろう》らの学者グループは、独自に講和条約案をまとめてマスコミに発表。新聞「日本」は6月14日の紙面で内容を伝えた。それは「賠償金30億円」、「樺太、カムチャッカなど沿海州すべての割譲」、「遼東半島の権益」、「満州からロシアが手を引く」など、**荒唐無稽な案**であった。

このような記事によって国民は煽られ、政府を追い込んでいくことになる。

ロシアに筒抜けだった

講和交渉はある意味、**戦争そのものの勝利よりも重要**である。敗北しても講和会議次第では傷を浅くすることが可能だからだ。

逆にいえば、戦争で圧倒的な勝利を収めても、

講和会議をうまくまとめなければ、どちらが勝ったのか分からなくなってしまう。

その点、江戸時代の平和を謳歌していた日本と、ヨーロッパで戦争に明け暮れていたロシアとでは、大きな**経験の差**があった。

しかも、同盟国イギリスと打ち合わせた講和会議の内容が、交渉前にロシアに筒抜けだったのである。

なぜこのようなことが起きるのか？

当時、日本からイギリスに電信を送る場合、長崎以遠はデンマーク系の大北電信会社に託送されていたのだが、なんとこの**大北電信会社の大株主が、ロシア皇帝だった**のだ。

ロシアは日本がイギリスに打った電信をすべて入手し、日本の出方を事前に知って交渉に臨むことになる。

ポーツマス条約

日本政府としては、講和の**絶対的必要条件**として、「韓国の自由処分」、「満州からの両軍撤退」、「遼東半島租借権とハルビン・旅順間鉄道の譲渡」を設定し、**できれば**「戦費賠償」、「中立港へ入港したロシア軍艦の引渡し」、「樺太と付属諸島の割譲」、「沿海州沿岸の漁業権譲与」も認めさせたいと考えていた。

1905（明治38）年8月10日、アメリカ東部の港湾都市ポーツマスで、講和会議が開催された。日本は小村寿太郎を、ロシアはセルゲイ・ウィッテを主席全権大使として派遣した。

ロシアは、日本が絶対的必要条件としていた3項目はすんなり受け入れたものの、**賠償金と**

ポーツマス会議。向こう側左から３人目がウィッテ、手前左から３人目が小村である

領土だけは頑なに拒否した。「ロシア革命」の足音が近づく帝政ロシアとしては、体面を傷つけられるわけにはいかなかった。

交渉は何度も決裂の危機を迎えたが、小村は粘り強く交渉し、「日本が賠償金を放棄する代わりに、**樺太を北緯50度で折半する**」ことに妥協点を見出した。９月５日、両国間で「ポーツマス条約」が調印され、日露戦争は終わった。

条約の調印で日本の勝利は確定したが、皮肉なことにウィッテは、日本を譲歩させた手応えから「勝った」と叫んだという。

政府の疲弊を知らない日本国民は**「もっと有利な条件で講和を結べたはずだ」**と憤り、日比谷公園では民衆が暴徒化した。全権大使の小村寿太郎や、当時の桂太郎首相の手腕が評価されるのは、ずいぶん後になってからだった。

第一次世界大戦で起きた日独戦争

世界情勢の変化

「日露戦争」での勝利から9年。日本は、国内政治は安定しないものの、国際的地位を確立し、時代は明治から大正に入っていた。

そんな時にヨーロッパのみならず、全世界を巻き込んだ、**人類史上初めてとなる世界大戦**が勃発する。

主戦場が日本から離れていたこともあり、歴史の授業ではぞんざいな扱いをされがちだが、日本はこの大乱にどう向き合ったのだろうか。

まず、大戦の舞台となる**欧州の情勢**である。

日露戦争の時との大きな違いは、軍事力の増大が著しい**ドイツがイギリスと対立を深めつつある部分**である。

当時の欧州の列強は、大まかに2つのグループに分けられる。ひとつはイギリスやフランスといった古くから列強として鳴らしていた国、もう片方はドイツを筆頭としたオーストリア、イタリアなどの新興国だ。

御多分に漏れず両者は対立関係にあり、イギリス・ロシア・フランスが**「三国協商」**を締結してドイツ包囲網を形成し、ドイツも対抗してオーストリア・イタリアと**「三国同盟」**を結んでいた。

逮捕される暗殺事件の実行犯、ガヴリロ・プリンツィプ

この対立関係が複雑化することになったのが、1914（大正3）年6月28日に起きた**「オーストリア皇太子夫妻暗殺事件」**だ。

オーストリア皇太子のフランツ・フェルディナンドが、サラエボを訪問中にセルビア人の民族主義者ガヴリロ・プリンツィプにより暗殺されてしまったのだ。

オーストリアは犯人をセルビアの民族組織と断定し、セルビアに対して「容疑者たちの裁判」と「オーストリア代表の裁判への介入」を通告。

しかし、セルビアが2つ目の条件を拒否したため、7月28日、オーストリアはセルビアに対し、宣戦布告した。

8月1日になると、オーストリアの同盟国であるドイツ**がセルビアの同盟国・ロシアに、3日にはフランスにも宣戦布告**。さらにその翌日

にはベルギーへの攻撃を理由に、イギリスがドイツに対して宣戦布告。

先述した対立関係に、それぞれの国の同盟・協商といった関係性が絡み、**雪だるま式に戦火が拡大していった**のだ。

ヨーロッパで大戦に参加しなかった国は永世中立国のスイスなど7ヶ国だけ。残りの国は**イギリス側の陣営・連合国**か、**ドイツ側陣営・同盟国**に分かれて戦いを始めたのである。

これが、人類史上最初の世界大戦「第一次世界大戦」の始まった経緯である。

大戦は「天佑」？

一次大戦時の日本は民主主義が成熟し始めていたものの、ドイツのジーメンス社と海軍高官の軍需品購入を巡る贈収賄や、イギリスのヴィッカース社への発注を巡る三井物産と海軍高官の癒着が明るみに出て、**国民の政治不信**が高まりを見せていた。外債の増加で国の財政も健全とは言えない状況だった。

そんな時に、イギリスが「日英同盟」を理由として世界大戦への参加を促してきた。

イギリスとしてはヨーロッパに兵力を集中したかったので、アジアに展開する商船をドイツの武装船団から守る国を必要としていたのだ。

この、イギリスからの要請を**「天佑」**と表現した人物がいる。明治政府樹立時から外務大臣や内務大臣などの要職を歴任し、この時は元老となっていた井上馨である。

共に「下関戦争」を止めようとした伊藤博文は暗殺されてしまったが、井上は明治期の功労

参謀に囲まれて作戦を練るドイツ皇帝ヴィルヘルム2世（中央）

者として未だに国家の意思決定に関わっていた。

アジアにはドイツの権益として、租借地の山東半島や、植民地の南洋諸島がある。武装艦の駆逐を口実にこれらに攻撃をかければ、日本の権益を拡大できるかもしれない。

そうすれば、汚職事件で信頼を失った軍は**名誉を挽回**できるし、戦争特需による**経済の回復**も期待できる。だから井上はこれを「天佑」と表現したのだ。

第一次世界大戦に参戦

日本はドイツに対し、8月23日に宣戦布告。**ドイツ租借地への攻撃**を開始する。まずは山東半島の一帯をイギリス軍と共に進撃。5日後にはドイツ兵の主力が立てこもる青島《チンタオ》要塞への総

攻撃をかける。

この戦いで、日本軍は**初めて航空機を実戦に投入**した。地上部隊も強力な榴弾砲で要塞を無力化し、ドイツ兵の心胆を寒からしめた。こうして日英連合軍はドイツ軍を圧倒し、11月7日には降伏に持ち込んだ。

南洋諸島でも日本軍の勝利は続いた。海軍陸戦隊の活躍によって、10月頭から半ばまでの間に、カロリン諸島、サイパン島、トラック諸島、パラオなどを次々と占領。当初の狙い通り、アジアにおける**ドイツの権益を合法的に奪取した**のである。

日本軍の地中海派遣

1917（大正6）年には、イギリスの要請で地中海へ駆逐艦隊を派遣したものの、最前線に関わることは最後までなかった。イギリス、フランス、ロシアから陸軍をヨーロッパ戦線に派遣されるよう再三にわたって要求されても、その都度拒否している。

ロシア革命やアメリカの参戦などで、戦いはますます泥沼化の様相を呈していたが、同盟国の中心・ドイツが1918（大正7）年11月に休戦協定に署名したことで、ようやく第一次世界大戦は終結した。

この大戦が不幸だったのは、様々な新兵器が登場したのにもかかわらず、**用兵そのものは古い思想に基づいて行われた**ことだ。戦線が世界中に拡大したこともあって、開戦当時には予想もしなかった未曾有の犠牲を払ったのだった。

戦闘員の戦死者は**900万人**、非戦闘員の死

塹壕戦を戦うドイツ兵。右端に見える鉄条網は戦争を長期化させる要因になったという

者は**1000万**人と推定されている。またこの戦争によって、当時流行していたスペイン風邪が船舶を経由して世界的に猛威をふるい、戦没者を上回る数の病没者を出した。

井上馨が「天佑」と語ったように、日本は欧州に甚大な被害をもたらした大戦を利用して、様々なものを得ることになる。大戦特需で**景気は回復**し、軍が活躍したことによって**政治・官僚不信も沈静化**した。

そして、数多くの連合国の作戦に犠牲を払いつつも貢献し、非人道的な振る舞いもなかったことから、日本は戦勝国の一角と見なされる。

戦後処理のために開かれた「パリ講和会議」では、イギリス、アメリカ、フランス、イタリアと共に「五大国」の一員となり、国際連盟の常任理事国にも選ばれたのである。

満州事変とは何だったのか〜事変前夜〜

歴史の分岐点

名実共に世界の一等国として認められた日本が、**一気に孤立する転機**となってしまったのが、「満州事変」である。

関東軍が暴走し「張作霖《ちょうさくりん》爆殺事件」並びに「柳《りゅう》条湖《じょうこ》事件」を起こして出兵したことは有名だが、**いったい何のために**そんなことをしたのか？

また、事変で誕生した満州国は「五族協和」を掲げた。本書で紹介してきた、戦争で敵となった**アジア諸国の民族**と協力して国作りを行おうという思想である。

満州国において、その理想は実現したのだろうか？　**数々の疑問**を解き明かそう。

まず、現在の中国に「満州」という地名は存在しない。中国の王朝・清をつくった女真族が、政権成立時に自分たちを**「満州族」**と称し、やがて彼らが住む地域（奉天・吉林・黒竜江省）を「満州」と呼ぶようになったのだ。

日本がここに進出する足がかりを得たのは、「日露戦争」に勝利して、ロシアから満州に近い関東州と、満州を通る東清鉄道の一部を手に入れてからだ。日本がこの土地を支配しなければならなかった理由は、経済状況が絡んでいる。

第一次大戦の最中は、戦地となった欧州の製

「満州事変」で日本軍に占領された奉天の張学良の私邸（提供：朝日新聞社）

品がアジア市場に不在となり、その間隙を縫って日本の企業が**製鉄業**や**造船業**、**海運業**などの分野に進出した。

しかし、ヨーロッパ諸国の復興が進むにつれて、質で劣る日本製品は市場から姿を消していく。設備投資を進めていた日本の企業は、**輸出の不振と輸入の増加**で倒産が相次いだ。

この「戦後不況」と呼ばれる不況に「関東大震災」が重なり、経済の立て直しが急務だった。

そこで目を付けた土地が満州だった。

満州の広大な大地からは**穀物**がとれるし、石炭や鉄鉱石といった**資源**も豊富。困窮する農民や都市部の失業者も、開墾を目的に移住させることができるし、南満州鉄道の権益もあった。

ここの獲得に向けて暴走していくのが有名な「関東軍」であった。

関東軍と中国の情勢

関東、というと日本の関東が思い浮かぶが、ここでは先述したロシアから譲渡された**関東州のこと**を指している。この地を守備するために満州駐箚《ちゅうさつ》部隊が送り込まれたのだが、これが後の関東軍の原型である。

それとは別に、関東に駐屯する軍隊の兵站業務を行う**天皇直属の関東総督府**が置かれていた。やがて彼らは軍政を敷いて占領地の民政も行うようになったため、関係各国から非難が相次いだ。

困った外務省は軍政を撤廃するよう要望し、1年後の1906（明治39）年、日本政府は総督府を廃止し、**都督府**を設置。この都督府には民政部と陸軍部があり、政務に関しては外務大臣の監督下に入ることになった。しかし、世界からは**「組織を組み替えただけで、何ら役割が変わっていない」**と再び批判を浴びた。

そこで1919（大正8）年には、都督府から軍事色を一掃した**関東庁**を設置し、長官は文民と定めた。都督府は独立して、**満州駐箚部隊は陸軍参謀総長の指揮下に入る**ことになる。

こうした紆余曲折の末、各国の権益が錯綜する満州において、総理大臣や外務大臣の手の及ばない軍団が編成されてしまったのである。

悪名高い「関東軍」の誕生であった。

当時の中国情勢

その関東軍が進出しようとしていた満州、ひ

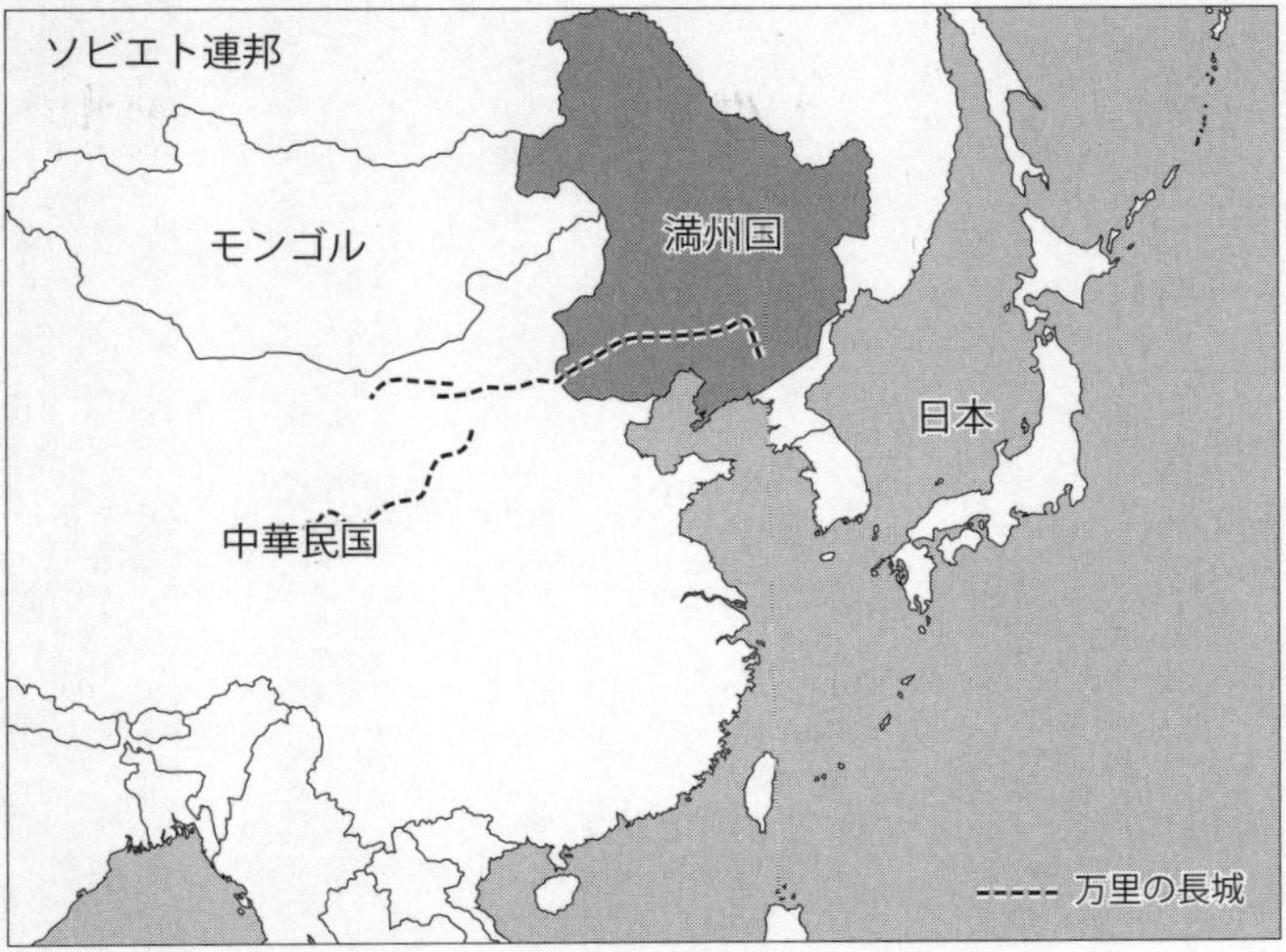

後に誕生する「満州国」と他国との位置関係

いては中国はどういった情勢だったのだろうか。

1911（明治44）年、中国国民が清王朝に反旗を翻す**「辛亥《しんがい》革命」**が起こった。約270年続いた清王朝は滅亡し、共和制国家「中華民国」が成立した。しかし、中国全土は混乱したままで内乱は収まらず、**「軍閥」**と呼ばれる地方勢力が台頭し始める。そのひとつを率いていたのが、張作霖だ。

もともと彼は馬賊出身だったが、日露戦争で協力したことから日本の援助を受け、強大な勢力となっていた。

これと対立していたのが中華民国を建国した**国民党**。創設者の孫文《そんぶん》はすでに亡かったが、後を継いだ**蒋介石《しょうかいせき》**が全国統一を目指して国民政府を樹立して、北伐（中国統一のための戦い）を開始、張作霖らと交戦していた。

満州事変とは何だったのか〜事変勃発〜

張作霖爆殺事件

関東軍は、満州を支配するための足がかりとして張作霖を支援していたが、**用済みとなれば切り捨てる**つもりだった。

その思惑を知ってか知らずか、張作霖は関東軍のコントロールから外れ、独立路線へ舵を切っていく。

彼の動きを見た関東軍の高級参謀・河本大作大佐らは、張作霖を利用して満州を一気に制圧するため、**恐ろしい計画**を立案する。

国民党軍に敗れた張作霖が、北京から満州へ引き揚げる途上のこと。特別列車が突如爆発、張作霖が暗殺されてしまったのだ。**「張作霖爆殺事件」**である。

河本の計画では、この爆発を国民党の仕業だとして満州に派兵するつもりだった。しかし張作霖の側近たちはこの計画を察知し、何週間も死を隠し通した。

結果、関東軍は出兵のタイミングを逃してしまい、制圧計画は失敗に終わった。

その後、満州では張作霖の後を継いだ息子・張学良が国民党と和解、奉天には国民政府の旗が掲げられて抗日運動が激化し、**日本の満州における影響力は低下**してしまった。

爆死した張作霖が乗っていた特別列車貴賓車。無残な姿になっている（提供：朝日新聞社）

この暴挙の責任をとる形で、当時の田中義一内閣は総辞職した。関東軍は名誉挽回とばかりに、1928（昭和3）年、〝劇薬〟を投入することになる。それが**石原《いしわら》完爾《かんじ》**である。

作戦立案能力は陸軍でもピカイチでありながら、その特異な思想と性格から**「日本陸軍の異端児」**と称された男である。

彼は、良き理解者として共に赴任した関東軍高級参謀・板垣征四郎大佐と共に、満州全土を掌握するための**電撃作戦**を練っていく。

その頃、張作霖の後を継いだ息子・張学良は蒋介石の支配下に入り、**激しい抗日運動**を展開していた。1931（昭和6）年には中国人農民と、当時は日本に併合されていた韓国人の農民の間で紛争（万宝山事件）が起き、抗日運動の高まりと共に日本国内の中国に対する世論も

悪化していた。
そして、この事件と並行して発覚した事件を、石原が最大限に利用することになる。農業技師になりすまし、対ソ連工作にあたっていた中村震太郎大尉が、**中国軍に殺害された**のである。
関東軍の軍事行動を正当化させる絶好の機会と捉えた石原は、平和的解決を図ろうとする軍中央や日本政府をよそに、行動を開始する。

一夜にして王国が誕生

翌年の年9月18日、石原は奉天付近の柳条湖の線路を日本軍の手で爆破する。そして、即座にこれを中国軍の犯行と断定した。**自作自演**である。世に言う「柳条湖事件」であり、ここから「満州事変」が始まることになる。

同志の板垣は、すぐさま張学良の本拠地である奉天城への攻撃を指示。石原完爾は旅順の関東軍司令部に赴くと、司令官の本庄繁中将に**全面的軍事行動に入る**ことを具申した。

本庄は数時間にわたり渋ったというが、最終的には石原の命令案を承認した。案に従った日本軍は迅速に行動を開始する。

当時の若槻礼次郎首相は、陸軍が事後承諾を厳しい姿勢で求めてきたため、渋々派兵を認めざるを得なかった。

結局、関東軍は石原の命令案通りに侵攻を続けた末に、１９３２（昭和7）年2月、**満州全土の制圧**を成し遂げたのである。

この地の直接統治を目指す関東軍だったが諸外国や陸軍中央部からの反発によって諦め〝**傀儡国家**〟を建設することで支配しようとする。

天才的な戦術眼と特異な思想を併せ持った石原莞爾（提供：朝日新聞社）

そのための傀儡君主として白羽の矢が立てられたのが、清国最後の皇帝・愛新覚羅溥儀《あいしんかくらふぎ》だ。

彼は辛亥革命で祖国を失い、天津の日本租界に落ち延びていた。先述したように、清はもともと満州族が建てた国である。

これに目をつけた石原、板垣らは、1931（昭和6）年11月に彼を満州へ連れ出し、翌年には溥儀を頂点とした**「満州国」**を誕生させたのである。

建国にあたっては満州国は**「五族協和の王道楽土」**だと喧伝された。ここでいう五族とは、日本人・漢人・朝鮮人・満洲人・蒙古人のこと。

本書で紹介した戦争では、敵となった民族ばかり。彼らと手を携えて国作りができれば素晴らしいことだったが、その実態は日本の植民地に過ぎなかったのであった。

果てしなき泥沼　日中戦争

国民党と共産党

関東軍は「満州国」を創建することで、中国の他勢力や関係各国との**緩衝地帯**を作ろうとしたとされるが、結果的に泥沼の戦争に日本を引きずり込むことになる。

当時の中国は、蒋介石率いる国民党の他にも、先ほどは触れなかった中国共産党が割拠し、**内戦状態**だった。

共産党は圧倒的な軍事力を持つ国民党に追いつめられている状態だった。国民党の攻撃から逃れるため、共産党は１９３４（昭和９）年より大逃避行**「長征」**を開始し、根拠地を瑞金《ずいきん》から延安に移す。その長い道のりの中で指導者にのし上がったのが毛沢東《もうたくとう》であった。

共産党は、「国共両党で協力し日本に立ち向かう」ことを呼びかける「八・一宣言」を発したが、蒋介石は共産党勢力を倒してから日本と戦う方針を変えなかった。

そこで、毛沢東は関東軍に追い出されていた張作霖の子・張学良と共に一計を案じる。

何と蒋介石を西安で監禁し、共産党の周恩来《しゅうおんらい》とともに**「共産党との内戦を停止し、抗日を進めること」**を迫り、同意させたのだった。

これを「西安事件」という。

「盧溝橋事件」の舞台となった北京郊外の盧溝橋

国共両党は内戦を停止し、**「第二次国共合作」**で共闘することになる（「第一次国共合作」はかつて軍閥に対抗するために結成されたもの）。もっとも、日本軍の矢面に立って戦ったのはもっぱら国民党であった。

盧溝橋事件

日本は満州国成立以降、その維持と資源確保のため、隣接する華北5省（河北・山西・山東・綏遠《すいえん》・察哈爾《チャハル》）に親日政権を樹立するなどして勢力を伸ばし、中国軍は警戒を強めていた。

また、「義和団の乱」の際に列強各国と共に結んだ「北京議定書」により5000人の軍人を北京周辺に駐屯させていた。

1937（昭和12）年7月7日の夜、北京郊

外の盧溝橋の永定河畔で夜間演習をしていた日本軍に、中国軍が発砲する事件が起き、日本も応戦したことによって双方に死傷者が出てしまった。「盧溝橋事件」である。

　この報告を受けた陸軍中枢では**「面倒なことになった」**、また**「愉快なことになった」**と両方の声があがったという。

　お互いに戦争に発展させるつもりはなく、7月11日に停戦協定が成立した。

「満州事変」の立役者・石原莞爾も、敵は中国ではなく、「ロシア革命」で誕生した社会主義国家・ソ連だと見ており、**「満州と中国の安定を優先させるべき」**と主張した。

　ところが、盧溝橋事件以降「中国を屈服させて華北の資源や市場を獲得しよう」と思い上がる拡大派が幅をきかせるようになる。

　陸軍省の武藤章《むとうあきら》大佐や参謀本部の田中新一大佐、東條英機《とうじょうひでき》関東軍参謀長らがそうで、彼らによって不拡大論は一掃されてしまうのであった。

　結局、当時の近衛文麿内閣は、華北居留民の保護を名目に、師団派兵を決定。国民党政府もただちに動員令を発し、にわかに**物々しい雰囲気**になってしまった。

居留民の危機と上海占領

　情勢は一向に安定せず、7月25日には北京近郊の廊坊《ろうぼう》駅で日中両軍が激突し、翌日にも日本軍が広安門広場で襲撃を受けてしまう。

　さらに29日には、北京近郊の親日地方政権・冀東《きとう》政権の首都・通州で保安隊3000人が反

軍服姿の蔣介石。孫文の後継者として中華民国の統一を果たした（提供：朝日新聞社）

乱を起こし、日本軍留守部隊と日本人居留民約280人を残虐に殺害するという**「通州事件」**が発生、これが日本国内の対中感情を著しく悪化させたとする研究もある。

日本は地域を制圧するため、満州・朝鮮から増援部隊を派遣し、29日中には北京、天津を占領してしまった。

日本本国からも3個師団が到着したため、華北にいる日本兵は**20万近く**にのぼった。日本では反中感情が高まり、中国でも反日感情が最高潮に達していた。

8月9日、上海で2人の日本海軍将校が中国軍に射殺されるという事件が起こる。上海の在留邦人は約3万人と、それを守る日本軍約3000人だったが、3日後には国際共同租界の日本人区域を、中国軍の精鋭3万人が包囲する。

翌日から国民党軍は総攻撃を開始し、機銃掃射を浴びせるが日本軍も必死に応戦したため、突破することができない。

国民党は空軍も動員したが、パイロットの練度が低く、フランス租界のパレスホテルや避難所となっている大世界娯楽センターにも誤爆が相次ぎ、**約3000の人命**が失われた。

その後、空軍は空中戦では圧倒的に分がある日本軍に制空権を奪われ、駆逐されていった。

イギリス、アメリカ、フランスは戦闘中止を求めたが日中とも聞き入れず、宣戦布告のないまま両国はついに泥沼の全面戦争**「日中戦争」**へと突入していった。

11月5日、日本軍が杭州湾に上陸すると、中国軍は背後を突かれることを恐れ、総退却していったため上海を占領するに至る。

南京占領

日本は、国民党政府の首都・南京を攻略すれば蒋介石は降伏すると考え、12月3日に**南京攻略**を開始する。

持久戦を避け、短期決戦を目指した日本は100台以上の戦車・装甲車・航空機を投入し、13日には南京を攻略し、占領する。

しかし国民党政府は、上海陥落を受けて、首都を南京から重慶に移し、徹底抗戦することを決意。読みは外れ、**長期化**が決定的となった。

南京では日本の総攻撃により、軍人だけでなく民間人にも**多数の死傷者**が出てしまった。

この間、イギリスは熱心に仲裁を買って出ていたが、日本は軍部の意向で中国駐在ドイツ大

中国軍による上海共同租界への爆撃。日本軍には当たらず民間人が多数犠牲になった

使のオスカー・トラウトマンに仲介を依頼した。**「満州国の承認」**と**「華北を中心とする特殊権益の設定」**など、圧倒的に日本有利な内容だったため、蒋介石が受け入れるはずもない。

蒋介石はブリュッセルで行われた、中国の権益を調整する9ヶ国会議（日本は不参加）で中国に有利な調停を行ってくれることを期待したが、何ら対日圧力はなかった。

仕方なく蒋介石はトラウトマンと会見し、日本案を受け入れることを表明する。ところが、首都占領で勢いに乗った近衛内閣は**「国民政府を相手とせず」**と声明を出してしまう。

戦争収拾の最後のチャンスを逃した日本は、第二次大戦の終結まで、果てのない泥沼から抜け出すことはできなかったのであった。

実は敗北じゃなかったノモンハン事件

ソ連との国境紛争

「満州国」の誕生は中国だけではなく、革命を通じて社会主義国家になったロシア、ソ連との軋轢をも生み出すことになる。

舞台はモンゴルだ。

匈奴《きょうど》やモンゴル帝国など、**数多くの強国**を産み出してきたモンゴルだったが、近代戦の時代となって、清からの侵攻を受けてからは鳴りを潜め、**清の藩部（自治政府）**となっていた。

状況が変わったのは1911（明治44）年、清朝政府の政治改革への不満、政府による鉄道国有化による反発により、中国各地で反対運動が起こり、清から独立を宣言した**「辛亥革命」**が起きてからだ。

外モンゴルはロシアの援助を受けて独立を宣言し、ボグド・ハーン政権を樹立した。

ソ連が誕生すると、これに頼り1924（大正13）年には世界で2番目の社会主義国、「モンゴル人民共和国」が誕生した。

その後、ソ連との間に相互軍事援助協定が締結され、コミンテルン（共産党の国際組織）指導の下、**社会主義化**が強制的に行われた。

遊牧民の集団化や、ラマ教寺院の破壊などが行われたのも、この時である。

「ノモンハン事件」で前線に向かう日本陸軍の戦車隊

外交や政治はソ連の支配下に置かれ自由にならず、独立国とは名ばかりの**「ソ連16番目の共和国」**であり、実態は満州国以上の傀儡国家であった。

ノモンハン事件

そのモンゴル人民共和国は満州国と国境を接していたのだが、1939（昭和14）年5月12日、外モンゴル兵700人がハルハ河を越えて**満州軍と交戦する**という事件が起きる。

当然、それぞれのバックにいた満州駐留の日本軍と、モンゴル駐留のソ連軍が互いに駆けつけ対峙した。

5月21日には、日本軍の攻撃によって本格的な戦闘が始まった。

当初は日本が優位に戦いを進めていたが、4日後にソ連が装甲車や戦車を中心とした**機械化狙撃大隊**を送り込むと、形勢は逆転。戦車隊と砲兵隊の攻撃に、歩兵と騎兵中心の日本軍では歯が立たず、ソ連の増援を予想した司令官・小松原道太郎は部隊に撤収を命じ「第一次ノモンハン事件」は終結した。

陸上では苦戦していた日本だったが、空戦では圧勝で、敵機数十機を撃墜し被害は軽微だった。これはソ連がスペイン内戦に介入していたため、**一流の操縦士が不在**だったことが大きい。

日本軍の撤退後、ソ連は大量の戦車、重砲、航空機を現地に投入する。

ソ連の野心を警戒する日本も、第23師団、第7師団の一部、第1戦車団、第2飛行集団を集結させるなど、両軍共に国境紛争としては例のない大規模動員をかけはじめる。

7月2日からは「第2次ノモンハン事件」が始まる。日本の頼みは第1戦車団だったが、ソ連軍と比べ戦車が旧式で**装甲が貧弱だった**ため大損害を受けてしまう。

航空機部隊も、一流パイロットが戻ってきていたソ連相手に苦戦を強いられた。

8月に入ると、日本の予想をはるかに上回るソ連軍の攻勢が始まり、日本軍は後退が目立つようになる。

8月下旬には、フイ高地がソ連によって陥落。日本は**モンゴル側が領土だと主張する領域**を次々と奪還されていった。

休戦協定

ノモンハンの日本陸軍航空隊第24戦隊のパイロットたち

日本はソ連を牽制するため、ナチス政権下のドイツと1936（昭和11）年、**「日独防共協定」**を結んでいた。

ところが、1939（昭和14）年8月、突然、ドイツはソ連と「独ソ不可侵条約」を締結。これには世界中が驚いた。

ドイツの思惑は、ソ連と条約を結ぶことによって東からの侵入を防ぎ、西ヨーロッパに戦力を集中できる、というもの。

一方のソ連は、現在ノモンハンで戦闘中の日本と、ドイツに挟み撃ちにされる事態を恐れての条約締結であった。

日本への衝撃は大きく、当時の平沼騏一郎内閣は情勢判断の力を失い**「欧州の天地は複雑怪奇」**と声明を残して退陣してしまった。

9月1日、ドイツはポーランドに侵入。長い

「第二次世界大戦」の始まりであった。

一方、被害の拡大を恐れた日本の大本営陸軍部は、関東軍に戦闘の中止を命令する。

作戦を主導していた辻政信少佐らは、9月10日頃に計画していた攻撃を主張して譲らなかったが、参謀本部は彼らの職を免じた上で、強制的に軍を引かせた。

併行して日本政府はソ連に停戦を求め、東郷茂徳外務大臣とヴァチェスラフ・モロトフ外務大臣が、クレムリンで交渉を行う。

ドイツが動き出した以上、ノモンハンでの戦いを早く終わらせたかったのはソ連の方だった。というのも、ドイツに対抗して早く**ポーランドに侵攻したかった**からだ。

9月16日、両国はモスクワで停戦に合意。ソ連は翌日に、ポーランドに侵攻し国際連盟を除名された。**国際社会と歩調を合わせる**ためにも、このタイミングでノモンハン事件を集結させるべきではなかった、という意見もあった。

とはいうものの日本も「日中戦争」の真っ最中であり、日ソ戦争に突入する余裕がなかったことも事実である。

国境については、日本が主張するハルハ河ではなく、ソ連とモンゴルが主張するハルハ廟、フイ高地、メロ高地を結ぶ国境線で決定した。

被害状況

戦いの推移からすると、ノモンハン事件はソ連の圧勝のように見え、日本側も惨敗を喫したと考えていた。

ところが、戦後研究が進むにつれ、**違った実**

鹵獲したソ連軍の兵器を身に付けて記念撮影に興じる日本兵たち

態が見えてきている。

戦後、ソ連崩壊直前のシンポジウムで、ソ連側代表のワルターノフ大佐は**日本の死傷者が3万8000人**と発表したが、日本側の史料『損害調査表（軍医部作成）』によると日本の死傷者の合計は**1万8979人**である。

またソ連の史料『20世紀の戦争におけるロシア・ソ連、統計的分析』によるとソ連の死傷者は**2万5655人**とある。

数だけ見れば「痛み分け」というのが正しい。しかし、当時のソ連の情報戦略が優れていたから、皆、日本の大惨敗だと信じたのだ。

いずれにせよ、日本はノモンハン事件によってソ連の強さを知り、政府内でも〝北進論〟は影をひそめる。代わって台頭してきたのが、「太平洋戦争」につながる**〝南進論〟**なのである。

太平洋戦争前夜に起きた上海号事件

日独伊三国軍事同盟

「満州事変」をきっかけとした日本の孤立は、ついにアメリカを敵に回す「太平洋戦争」という形で極まることになる。

ここでは、あまり語られることのない、戦争前夜に起きた、ある事件を取り上げたいと思う。

まずは、当時のヨーロッパの情勢を押さえておこう。

ドイツでは、ナチスのアドルフ・ヒトラーが首相の座につき、1933（昭和8）年、他の政党をすべて解散させ**一党独裁体制**を築き、やがて大統領と首相を兼ねる総統に就任し、完全な独裁体制を確立していた。

その後、ポーランドに侵攻して「第二次世界大戦」を勃発させたのは先述した通りだ。

日本はといえば、ヨーロッパでのドイツの圧倒的な強さに目をつけ、1940（昭和15）年、**「日独伊三国軍事同盟」**を結んだ。この結果、イギリスやアメリカとの関係悪化は確実となる。

8月、イギリスのウィンストン・チャーチル首相とアメリカのフランクリン・ルーズベルト大統領は会談し、ドイツへ対抗する世界構想「大西洋憲章」を発表する。

明らかに日本は、**組む相手を間違えていた**。

日本で開かれた「反英集会」の様子。壇上にドイツ、日本、イタリアの旗が掲げられている

最後の対米交渉

1941（昭和16）年4月、日米関係の悪化を食い止めるための日米交渉が、ワシントンで始まった。しかし、その最中の7月、日本軍は資源を求めてフランス領インドシナを占領し、サイゴンに進駐する。

日本の行動に危機感を募らせたアメリカは、**「在米日本資産の凍結」**と**「対日石油全面禁止」**を決定する。

インドネシアを支配するオランダとの石油輸入交渉は決裂しており、さらに石油輸入量の8割を占めるアメリカからの禁輸措置である。

とはいえ、アメリカとしては、厳しい経済制裁の狙いはあくまで**日本の譲歩を促す**ことで、

開戦の意志はなかったとする見方が強い。

だとすれば、日本は**アメリカのシグナル**を読み取ることができなかったことになる。

半年経っても折れない日本に対し、アメリカは「日本は中国およびインドシナからいっさいの軍隊と警察を引き上げるべし」と強硬に求める**「ハル・ノート」**を提示する。

開戦と上海号遭難

これを最後通牒と捉えた日本は、12月1日、昭和天皇臨席の御前会議で「対米開戦」を決意。

12月8日を開戦の日と決定し、真珠湾奇襲攻撃に向かう山本五十六《いそろく》司令長官の連合艦隊と、マレー半島奇襲に向かう南方軍に**開戦決定**の打電がなされた。

ちょうどその頃、日本も出資して設立された中国の民間航空会社・中華航空の、上海から広東に向かう**「上海号」**が遭難したとの一報が、日本軍に入った。この情報に大本営指令部は大混乱となる。

なぜ民間航空機が一機行方不明になるだけで慌てなければならないのか？

それは、搭乗していた杉坂共之《ともゆき》少佐が携行していた命令書に、**「アメリカ・イギリス・オランダとの開戦日時」**に関する情報が含まれていたからである。

もともと日本は、真珠湾奇襲攻撃を立案した山本五十六がそうであるように、アメリカとまともに戦っても勝ち目はないから、奇襲で大打撃を与えて緒戦を優位に運び、**有利な条件で講和する**ことを目指していた。

「上海号」が飛び立った台湾の台北飛行場（提供：朝日新聞社）

開戦前に奇襲の情報が漏れてしまえば、その**戦略が根本から崩れ去る**ことになるのだ。

捜索活動

捜索活動は、汕頭《すわとう》・広東間400キロに集中して行われた。日本にとっては一刻も早く上海号を発見しなければならなかった。

日本軍の願いは**「敵地にだけは着陸してくれるな」**であった。機密文書さえ敵に渡らなければ、水面に激突して水没したとしても仕方ないと考えていた。

上海周辺と広東周辺は日本軍の勢力圏内だったが、汕頭付近は蒋介石政権の勢力範囲だ。

日本軍が必死になって探した上海号だったが、悪天候が邪魔をして発見できなかった。

しかし、情報は意外なところからもたらされた。中国軍の無線だ。日本は無線を通じて流れてくる暗号文を解読することができたのだ。

それによると、「バイヤス湾北方の山岳地帯に日本軍機が墜落」。敵地への不時着――。**最悪のケース**であった。

12月3日、日本軍の偵察機は獅朝洞高地に不時着している上海号を発見。

機首は破損しているものの、胴体部分は原型を留めていた。生存者の可能性もあったが、爆撃機で爆破し破壊した。

また日本軍は、またしても中国軍が送った暗号を解読し、興味深い情報を手に入れた。

「2名ノ日本人、抵抗ノ末逃亡」「勇敢ニモ**自刃ヲフルッテ抵抗**。本隊ハコレヲ死亡セシメタ」。

「自刃を振るって抵抗」したのは、剣道が得意な杉坂だと推測できた。即死は免れていることから、後は杉坂が生前に文書を処分していたかが焦点となる。

杉坂少佐の最期

幸運なことに、ついに生存者が発見された。

上海号から脱出できた日本兵4名のうちひとり、宮原大吉中尉である。機密文書のことを問いただすと、**「杉坂少佐が赤い色の混じった書類を燃やしている」**光景を目撃していた。

次いで、12月7日に保護された久野寅平曹長も、杉坂と共に文書の処分にあたったことを証言した。

2人は文書を処分するだけではなく、そのことを司令部に伝えなくてはならない。危険だっ

「上海号」と同型機のダグラス・エアクラフト社（現・ボーイング社）製ダグラス DC-3

たが、敵地から命がけの脱出を試みた。

途中、中国軍の歩哨をかわした2人だったが、久野は固まっての移動は危険と判断、10メートルくらい離れて移動しているうちに2人ははぐれてしまった。

久野は発砲され、石を投げられながらも、なんとか生き延び、**「杉坂少佐携行の機密文書は完全に処分した」**ことを報告することができた。開戦予定時間のわずか3時間前の出来事だった。

一方、杉坂少佐は久野と別れた日の翌日、**中国兵と交戦し斬首された**ものと思われた。中国人密偵が首のない死体が水田に遺棄されているのを目撃していたのだ。

大本営の心配をよそに機密文書は敵の手には渡っておらず、真珠湾攻撃とマレー上陸作戦は予定通り12月8日に実施されるのであった。

日本はどんな情報戦で敗れたのか

真珠湾奇襲

奇襲直前の**情報漏洩の危機**は免れたものの、日本軍の情報戦は一事が万事この調子で、常に敵に後れを取っていた。

「太平洋戦争」における数々の戦いに関しては、すでに色々なメディアで語られていることなので、本書では**日本軍の大きな敗因となった情報戦**に絞って解説していこうと思う。

1941（昭和16）年12月8日、日本軍は「トラ・トラ・トラ」の電文と共に、ハワイの真珠湾基地を攻撃し、アメリカ太平洋艦隊と陸軍部隊に大打撃を与えることに成功する。

ところが、その裏で外務省が**大失態**を犯していた。野村吉三郎駐米大使と、来栖三郎特派大使は、ハワイ奇襲の30分前に全14部からなる最後通牒を手交するよう命令されていた。

ところが暗号の翻訳に手間取ったこともあり、コーデル・ハル国務長官に手渡されたのは**奇襲攻撃開始から1時間後**だった。

すべての文書に目を通したハルは、2人の大使に向かって「これほど恥知らずな、虚偽と歪曲にみちた文書を見たことがない」と激怒すると、何か言いたげな野村を制止し、出ていくよう**アゴでドアを指した**という。

日本軍の爆撃を受けて炎上する米戦艦ウェスト・ヴァージニア

アメリカは日本の行為を**「卑劣なだまし討ち」**と宣伝し、戦争に乗り気ではなかった国民感情に火がついてしまった。

南方戦線では、陸軍が真珠湾攻撃の1時間50分前に、マレー半島コタバルに上陸する。電撃作戦は功を奏し、1942（昭和17）年2月8日、南下した日本軍はシンガポールの難攻不落の要塞を、水道管を爆破することで、あっけなく陥落させる。近代において**イギリス軍が降伏したのはこれが初めて**だった。

日本軍航空部隊の奇襲で打撃を受けた極東陸軍司令官ダグラス・マッカーサーは、司令部をフィリピンからオーストラリアに移動することを決断し、家族ともどもオーストラリアに撤退してしまった。

残されたアメリカ軍は戦意を喪失しフィリピ

ン全土のアメリカ軍が全面降伏の道を選んだ。アメリカ軍の降伏もまた、史上初の出来事だ。
マレー、シンガポール、フィリピンと攻略した日本はオランダ領東インドに侵攻し、ボルネオ島、スマトラ島を手に入れ、大油田地帯パレンバンを無傷で確保する。

ミッドウェー海戦

ここまでの日本軍は順当に駒を進めていた。

連合艦隊司令長官の山本五十六は、持久戦になっては日本がジリ貧になるだけだとして、艦隊を再び東太平洋に進出させ、**米機動隊を殲滅**し、ハワイを攻略する方針を示した。軍令部は難色を示したが、山本の剣幕に押し切られた。

こうして始まったのが**「ミッドウェー海戦」**である。

ところが、この時アメリカは完全ではなかったものの、日本の**暗号解読に成功**していた。もはや真珠湾のような奇襲攻撃は不可能だった。

アメリカ軍は日本軍がしきりに発する**「AF」**という単語がミッドウェーだと当たりをつけたが確信が持てず、「ミッドウェーでは真水が不足している」と虚偽の平文を発信してみた。

すると、傍受したウェーク島の日本軍が**「AFでは真水が欠乏している」**と東京へ打電。これで、次なる標的が明らかになった。

また、4隻の空母が参戦することも突き止め、急いで空母ヨークタウンを修理し合流させた。

空母は日本4隻、アメリカ3隻でミッドウェー沖で激突することになった。

空母に狙いを絞るアメリカ軍に対し、日本軍

ガダルカナル島で全滅してしまった日本軍の一木支隊

内部では南雲忠一中将と山本の間で充分な意思疎通がとれていなかった。**連携の失敗**で日本は空母4隻を失い、撤退するという大敗北を喫することになる。

ガダルカナル島の敗北

ミッドウェー海戦から3ヶ月後の8月7日、アメリカ・オーストラリアの**シーレーン遮断で絶好の位置**にあったガダルカナル島に、アメリカ第1海兵師団約2万人が奇襲攻撃をしかけ占領してしまった。

ところが大本営は**「アメリカの戦力は2000名程度」**と侮り、一木清直を部隊長とする一木支隊を900名で上陸させた。多勢に無勢、勝てるはずもなく、あっけなく全滅してしまう。

全滅を受けて川口清健少将を指揮官とする川口支隊が6000名で、次いで丸山政男中将を指揮官とする第2師団1万7000名を投入するも奪還できなかった。補給を断たれた部隊が飢餓に苦しんだことから、**「餓島」**と呼ばれ、この戦いでの死者は2万人にものぼった。

敵戦力の情報が不足していたことが明らかな敗因だが、実は正確な情報ももたらされていた。スペイン特命全権大使の須磨弥吉郎《すまやきちろう》が組織したスペインのスパイ組織**「東《とう》機関」**が、アメリカ軍は**「相当な犠牲を払っても続行する決意」**だと知らせているのだ。

しかし大本営は耳が痛い情報を採用しなかった。結局、人員の被害はもちろん、戦力を投入するたびに航空機や駆逐艦に損害が出て、以降の作戦遂行に暗い影を落とすことになる。

アメリカ軍のフィリピン奪還

当初の敗戦から盛り返したアメリカは、フィリピンの奪還を作戦目標に定める。

迎え撃つ日本軍は、マレー半島奇襲攻撃を成功させた〝マレーの虎〟こと山下奉文《ともゆき》大将を総司令官に任命し、**ルソン島で迎え撃つ**はずだった。ところが、決戦地が突如ルソン島からレイテ島に変更されてしまう。

陸軍は「台湾沖航空戦で日本海軍航空隊が米機動部隊の**空母11隻を撃沈**し、**8隻を大破**させた」という、大本営海軍部の報道を信じ、残存勢力が上陸すると思われるレイテ島で、それを殲滅すべきだ、というのである。

ところがこれは誤報であった。ミッドウェー

中立国・スペインで情報機関を結成し正確な情報をあげ続けた須磨弥吉郎

海戦での日本軍の被害が空母4隻だったことを考えれば、いかにとんでもない戦果か分かろうというものだ。

山下の部下の情報参謀・堀栄三はこの誤報を見抜いており、山下はレイテ決戦に異を唱えるが命令は撤回されなかった。

ルソン島マニラからレイテ島までは、東京から岡山ほどの距離がある。準備不足で出発した輸送船団は途中で攻撃を受け、**大損害を被ってしまった**。このように、ただでさえ戦力、資源に乏しい日本が情報を活かしきれなければ、敗戦は必至であった。

結局、1945（昭和20）年1月9日、ルソン島にはマッカーサーが17万人の兵力を率いて上陸戦を仕掛け、兵力が不足していた山下は**フィリピンの奪還**を許してしまった。

終戦後にあった最後の戦争 占守島の戦い

帝国の終焉

「太平洋戦争」開戦から5年。

1945（昭和20）年には頼みの綱のドイツが降伏し、広島・長崎には**原子爆弾が投下**されるに至って、8月14日、ついに日本はポツダム宣言を受諾し、連合軍に無条件降伏した。翌日には国民に**「終戦の詔勅」**が出され、名実共に戦争は終わったかに思われた。

しかし、驚くべきことに敗戦から3日後、東京から遠く離れた千島列島の占守島《しゅむしゅとう》でソ連軍を相手に死闘を繰り広げた部隊がいた。大日本帝国、ひいては**「日本の戦争史」の最後に位置する戦い**を紹介して、本書の締めくくりとしよう。

国際法違反 ソ連の参戦

終戦から遡ること4ヶ月前、ソ連は日本と結んでいた「日ソ中立条約」の延長破棄を一方的に通告してきた。不穏な動きではあるものの、条約の有効期間は翌年の4月までである。

その頃の日本軍の首脳たちは、ヤルタ会談で、ソ連がアメリカと**対日参戦の密約**を交わしていたことを知らなかった。条約延長の破棄はその前触れだったのである。

占守島に放置されていた日本陸軍の戦車（写真提供：朝日新聞社）

広島に人類初の原爆が投下された2日後、ソ連はついに**中立条約を一方的に破棄**し、日本への宣戦を布告。満州国境付近に待機していた170万の兵が満州へと襲いかかったのだ。

日本軍きっての精鋭として知られた関東軍の姿はすでになく、ヨーロッパ戦線での豊富な経験を持つソ連に、あっけなく蹂躙された。

進退窮まった日本は、8月14日にポツダム宣言を受諾して無条件降伏することを、アメリカ、イギリス、ソ連、中国に表明。

ここからはアメリカのハリー・トルーマン大統領と、ソ連のヨシフ・スターリン書記長との間で、日本の領有を巡る駆け引きが活発化することになる。

スターリンの希望は、千島列島やサハリンだけでは飽き足らず、**北海道の北半分を領有する**

こと。具体的に「東は釧路市、西は留萌市まで」と地名まであげている。途上にある占守島などは**「5日で落とす」**と計画していた。

ロシア軍占守島上陸

占守島を固めていたのは、樋口季一郎中将傘下の第5方面軍、2万3000人だった。対アメリカ戦を想定して占守島・幌筵《ほろむしろ》島を要塞化していたのである。

北方ではほとんど戦闘がなかったこともあり、戦力の減退が著しい帝国陸軍にあって比較的食糧・弾薬の備蓄が豊富で、満州から転進していた**精鋭の戦車隊・第11連隊**も心強い存在だった。

日本の無条件降伏受け入れの報はこの占守島にも伝わり、兵たちは動揺を隠せなかった。

とはいえ、これで極北の極寒から逃れて、愛する家族が待つ家へと帰ることができるという安堵もあって、兵たちは和やかに兵器を処分していたという。

しかし8月18日未明、事態が急変する。

ついにソ連の侵攻が始まったのである。アレクセイ・グネチコ少将率いる8000人余のソ連兵が**占守島沿岸に殺到**する。対岸のソ連領・ロパトカ岬からも砲撃が始まり、日本軍の現場は「海上にエンジン音聞こゆ」と急報を入れた。

すでに戦争は終結している。武器を捨て、故郷に帰るはずだった。しかし、ここで自分たちが抵抗せねば、家族は、故郷は、日本はどうなるか。師団長の堤不夾貴《ふさき》中将は、**いったんは解除した武装を急遽整え、戦闘を決意**した。

ソ連軍の上陸地点である北部の竹田浜にいた

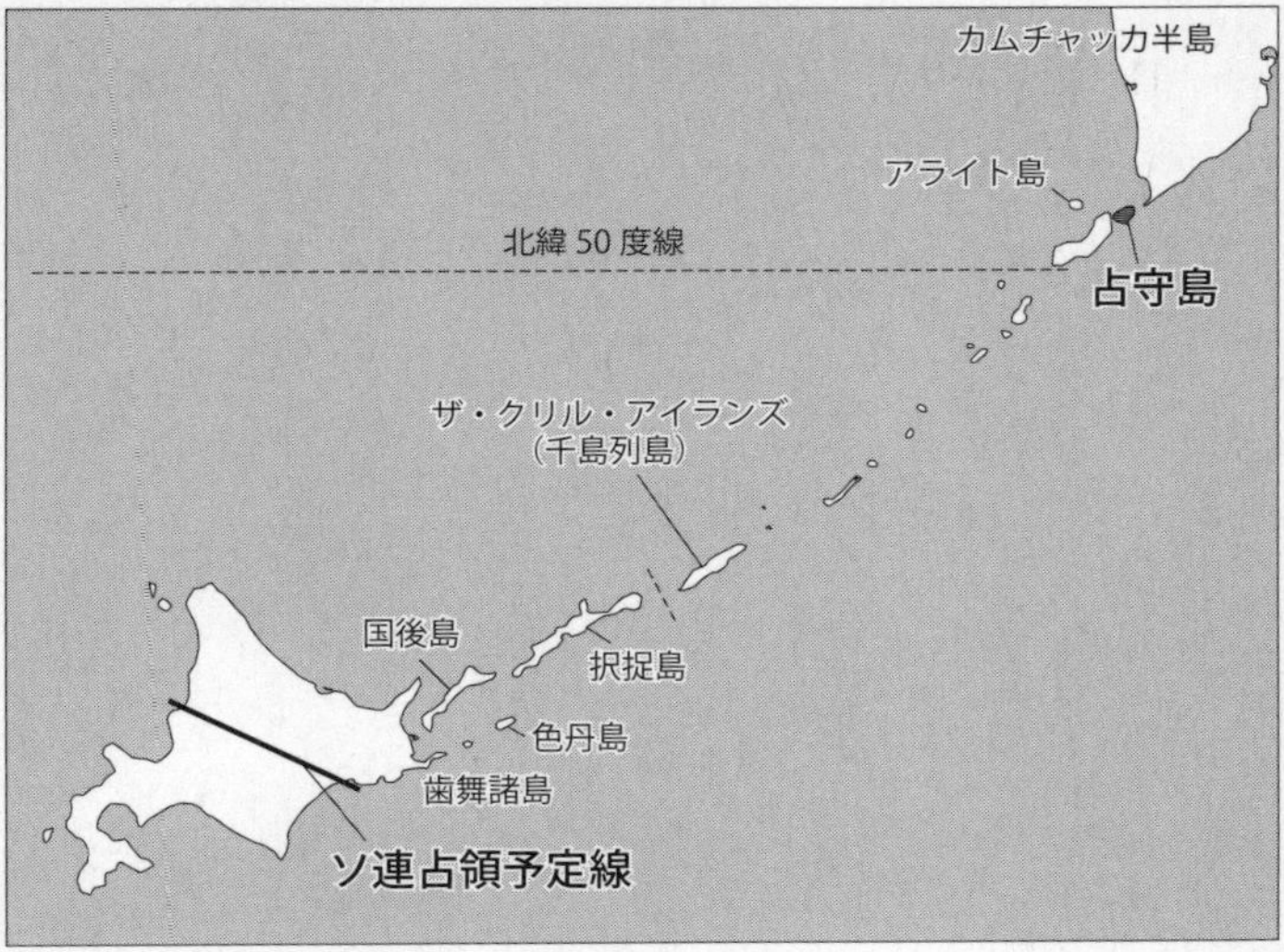

占守島の位置と、ソ連占領予定線。北海道北部を狙うにあたってはまさに最前線だ

村上則重少佐の大隊が反撃を開始した。

沿岸に配備されていた野砲や重砲が威力を発揮し、対岸からの砲撃を黙らせるだけではなく、敵船を13隻沈めてみせた。

このため上陸したソ連軍は指揮官を欠いたり、通信機が水没しているといった部隊が続出した。しかし時間が経つに連れ、数に頼んで寄せてくるソ連軍に抗しきれず、6時頃には重要拠点・四嶺山への接近を許す。

当初、日本側は上陸してきたのはソ連軍だと認識していなかったが、この段になって確信した第5方面軍司令官の樋口季一郎中将は、「断乎、反撃に転じ、**ソ連軍を撃滅すべし**」と指令を出し、精鋭・第11連隊に急行を命じた。

この戦車第11連隊は、十と一を合わせて「士」と読ませ**「士魂部隊」**と呼ばれた精鋭部隊で、

これを率いる池田末男大佐は**「戦車隊の神様」**として慕われる人物だった。

第11連隊は、18日午前5時半頃から四嶺山のソ連軍に突撃を敢行する。

先頭車両には池田大佐の姿があった。鬼気迫る攻撃にソ連軍は後退したが、対戦車兵器を動員して反撃を加え、日本軍の戦車を撃破し始める。しかし四嶺山南東などの日本軍が増援に加わると、戦死者も回収せずに撤退していった。

決死の突撃でソ連軍を退けた第11連隊だったが、**池田大佐以下、多数の将校は戦死を遂げた。**

これらの奮戦によって戦況は日本軍に優勢に推移し、ソ連軍は海岸付近に追い詰められ、殲滅も視野に入った。しかしその時、札幌の方面軍司令部から「戦闘を停止し、自衛戦闘に移行」との軍命令が届き、停戦交渉を開始せざるを得なくなった。

しかしソ連軍は停戦軍使を射殺するなど、一向に攻撃を収める気配がなく、戦闘が続行された。交渉成立後も小競り合いが続き、最終的に武装解除がなされたのは24日だった。日本では、8月15日を終戦の日として扱っているが、その後も**祖国を守る戦いは続いていた**のだ。

戦いを終えて

日本軍は戦いながら、停戦後を見越して手を打っていた。ソ連軍が侵攻先で凄まじい略奪、陵辱、殺害を行うことは有名であり、すでに満州やベルリンの市民がその**毒牙の餌食**になっていた。日本軍はこれの二の舞は避けようと、予め缶詰工場で働く約400人の女子工員を逃し

通称「士魂部隊」が使用していた九十五式軽戦車

ていたのだ。この激闘で、日本軍の死傷者は**700〜800名**におよび、ソ連軍は**3000名以上**の死傷者を出したと伝えられる。

その後、北方領土を侵略していったソ連だが、北海道本土にはすでに米軍が駐留しており、北半分の領有は諦めざるを得なかった。

5日で落ちるはずの占守島が頑強に抵抗したことによって、**ソ連の侵攻計画を遅らせた**という見方もできよう。さて、命がけで島を死守し、民間人を保護した兵たちを待っていたのは過酷な運命だった。

戦闘終了後に帰国できるはずが連行され、極寒のシベリアで**奴隷労働**に従事させられることになったのだ。これが大日本帝国陸軍最後の戦いであると共に、2015年現在、**日本が経験した最後の対外戦争**の結末であった。

【参考文献】

海津一朗「蒙古襲来　対外戦争の社会史」吉川弘文館／田中健夫「鎌倉幕府と蒙古襲来」ぎょうせい／森平雅彦「モンゴル帝国の覇権と朝鮮半島」山川出版社／佐伯弘次「モンゴル襲来の衝撃」中央公論新社／鈴木眞哉「謎とき日本合戦史」講談社／筧雅博「蒙古襲来と徳政令」講談社小林一岳「元寇と南北朝の動乱」吉川弘文館／工藤敬一「北条時宗とその時代」平凡社／村井章介「北条時宗と蒙古襲来」日本放送出版会／奥富敬之「北条時宗」角川書店／ジャン＝ポール・ルー「チンギス・カンとモンゴル帝国」創元社／ロバート・マーシャル「モンゴル帝国の戦い」東洋書林／浪川健治「アイヌ民族の軌跡」山川出版社／榎森進「アイヌ民族の歴史」草風館／菊池勇夫「蝦夷島と北方世界」吉川弘文館／関口明「古代東北の蝦夷と北海道」吉川弘文館／元木泰雄「王朝の変容と武者」清文堂／　瀬野精一郎、佐伯弘次、小宮木代良、新川登亀男、五野井隆史「長崎県の歴史」山川出版社／荒野泰典、村井章介、石井正敏「倭寇と『日本国王』」吉川弘文館／倉住靖彦「大宰府」教育社／古瀬奈津子「摂関政治」岩波書店／仁藤敦史「都はなぜ移るのか」吉川弘文館／佐伯弘次「対馬と海峡の中世史」山川出版社／小島毅「海からみた歴史と伝統」勉誠出版／森公章「東アジアの動乱と倭国」吉川弘文館／田中健夫「倭寇」講談社／森公章「『白村江』以後―国家危機と東アジア外交」講談社／中村修也「白村江の真実　新羅王・金春秋の策略」吉川弘文館／水谷千秋「女帝と譲夷の古代史」文藝春秋／遠山美都男「天智と持統」講談社／遠山美都男「天智天皇」ＰＨＰ研究所／池亨「天下統一と朝鮮侵略」吉川弘文館北島万次「豊臣秀吉の朝鮮侵略」吉川弘文館／北島万次「秀吉の朝鮮侵略」山川出版社／藤田達生「秀吉と海賊大名」中央公論新社／池上裕子「織豊政権と江戸幕府」講談社／北島万次「加藤清正 朝鮮侵略の実像」吉川弘文館／歴史教育者協議会「東アジア世界と日本」青木書店／鈴木拓也「蝦夷と東北戦争」吉川弘文館／熊谷公男「古代の蝦夷と城柵」吉川弘文館／中名生正昭「歴史を見なおす東北からの視点」かんき出版／高橋克彦「東北・蝦夷の魂」現代書館／田中彰「北海道と明治維新」北海道大学図書刊行会／佐々木馨「アイヌと『日本』」山川出版社／児島恭子「エミシ・エゾからアイヌへ」吉川弘文館／上里隆史「目からウロコの琉球・沖縄史」ボーダーインク／紙屋敦之「琉球と日本・中国」山川出版社／喜舎場一隆「琉球・尚氏のすべて」新人物往来社／赤嶺守「琉球王国」講談社／上白石実「幕末の海防戦略」吉川弘文館／皆村武一「『ザ・タイムズ』にみる幕末維新」中央公論社／井上勝生「幕末・維新」岩波書店／石塚裕道「明治維新と横浜居留地」吉川弘文館／岩下哲典「レンズが撮らえた幕末の日本」山川出版社／山田勝「イギリス紳士の幕末」日本放送出版協会／明治維新史学会「明治維新とアジア」吉川弘文館／吉野誠「明治維新と征韓論・吉田松陰から西郷隆盛へ」明石書店／古川薫「幕末長州藩の攘夷戦争」中央公論新社／毛利敏彦「台湾出兵」中央公論社／岡本隆司「世界のなかの日清韓関係史」講談社／野口武彦「長州戦争」中央公論社／保谷徹「幕末日本と対外戦争の危機」吉川弘文館／姜在彦「西洋と朝鮮」朝日新聞社／杵淵信雄「日韓交渉史」彩流社／武光誠「韓国と日本の歴史地図」青春出版社／森山康平「満州帝国50の謎」ビジネス社／太平洋戦争研究会「図説満州帝国」河出書房新社／水島吉隆「図説満州帝国の戦跡」河出書房新社／大野芳「8月17日、ソ連軍上陸す 最果ての要衝・占守島攻防記」新潮社／ボリス・スラヴィンスキー「日ソ戦争への道」共同通信社

著者紹介

豊田 隆雄（とよだ・たかお）

福島県生まれ。現職の高校教師。埼玉大学大学院修士課程修了。

学生時代の専攻は東アジア研究。

韓国人留学生や中国人留学生から歴史に関する議論をふっかけられた経験から、正当性を得るために書物を読み漁り、日本の歴史に関心を持つようになる。

「歴史を語るなら、最後は史料」がモットー。

近著に『日本人が知らない日本の戦争史』、『本当は怖ろしい韓国の歴史』（共に小社刊）がある

教科書には載っていない 日本の戦争史

2015年9月25日　第1刷

著者　豊田隆雄
発行人　山田有司
発行所　株式会社　彩図社《さいずしゃ》
〒170-0005
東京都豊島区南大塚3-24-4　MTビル
TEL 03-5985-8213　FAX 03-5985-8224
URL：http://www.saiz.co.jp
https://twitter.com/saiz_sha（twitter）→
印刷所　新灯印刷株式会社

ISBN978-4-8013-0091-0　C0095
乱丁・落丁本はお取り替えいたします。

本書は2013年8月に弊社より刊行された『日本人が知らない 日本の戦争史』を大幅に加筆・修正し、特別編集したものです